钟南山的故事

叶依◎著

中国青年出版社

(京)新登字083号

图书在版编目(CIP)数据

钟南山的故事 / 叶依著. — 北京:中国青年出版社,2020.10
ISBN 978-7-5153-6513-8

Ⅰ. ①钟… Ⅱ. ①叶… Ⅲ. ①钟南山—传记 Ⅳ. ①K826.2

中国版本图书馆CIP数据核字(2021)第169497号

责任编辑	侯群雄　张睿智
装帧设计	刘红刚
内文设计	李　平
出版发行	中国青年出版社
社　　址	北京东四十二条21号　邮政编码:100708
网　　址	www.cyp.com.cn
门 市 部	010-57350370
编 辑 部	010-57350401
印　　刷	三河市君旺印务有限公司
经　　销	新华书店
规　　格	880×1230　1/32
印　　张	6
字　　数	92.4千字
版　　次	2021年10月北京第1版
印　　次	2021年10月河北第1次印刷
定　　价	24.00元

本图书如有印装质量问题,请凭购书发票与质检部联系调换　联系电话:(010)57350337

"共和国勋章"获得者钟南山。(新华社记者谢环驰摄)

少年钟南山

钟南山与家人

初二时，钟南山与小伙伴去划船

大学时，钟南山是运动健将，喜欢打篮球

留学期间，钟南山自己动手烹煮食物

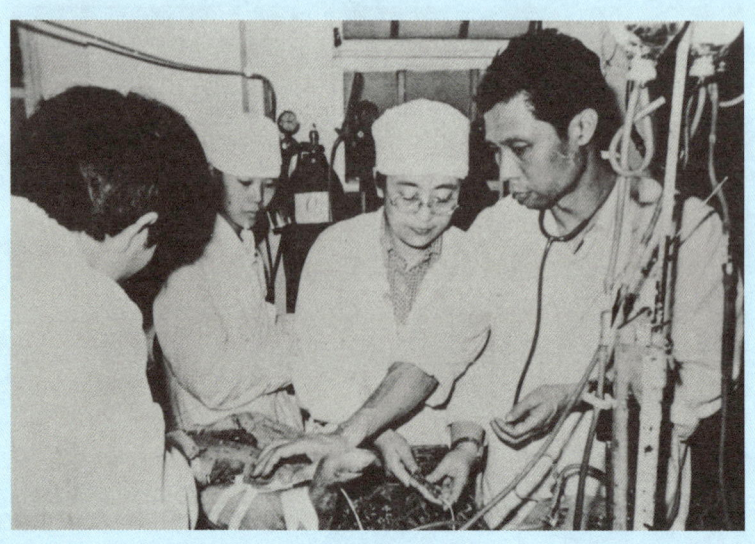

钟南山在做猪的实验

钟南山与国外的老师、朋友们

钟南山与国外师友欢聚一堂

2003年"非典"期间,钟南山接受采访

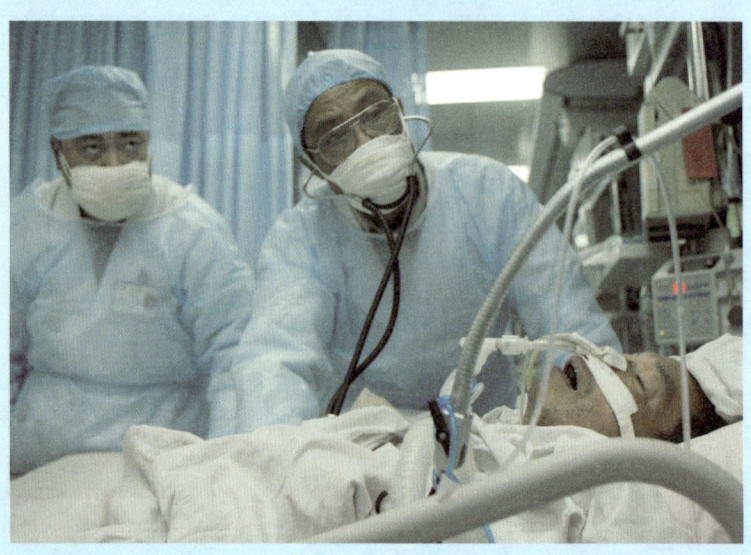

2003年"非典"期间,钟南山在医治一位重症"非典"病人。(纪粤鸣摄)

钟南山参加篮球比赛

钟南山酷爱健身运动

钟南山在指导学生

钟南山与学生们在一起

2020年4月10日,钟南山接受广东省少先队员代表赠送的"戴红领巾的钟南山爷爷"画像(广东省少工委提供)

目 录

一　钟家顽童　　001
二　非凡严父　　006
三　卓然慈母　　011
四　少年立志　　015
五　大学生涯　　021
六　八年相恋　　025
七　钢铁意志　　028
八　分隔两地　　033
九　开启事业　　038
十　艰难起步　　043
十一　辉煌开端　　047
十二　英伦深造　　052
十三　精彩演讲　　056
十四　以身试验　　063
十五　挑战权威　　069

十六	学成归来	073
十七	重大发现	077
十八	当选院士	080
十九	"非典"袭来	084
二十	铁汉倒下	089
二十一	双刃利剑	095
二十二	直面患者	101
二十三	巍然挺立	105
二十四	"世卫"认可	109
二十五	携手合作	113
二十六	感动中国	119
二十七	健康储蓄	123
二十八	全心全意	129
二十九	顶天立地	135
三十	迎战"新冠"	141
三十一	逆行而上	150
三十二	科学抗疫	156
三十三	丹心一片	160
三十四	中国经验	164
三十五	奋斗最美	171

一 钟家顽童

1936年10月20日，南京，中央医院。廖月琴躺在床榻上，显得疲惫、虚弱，但又感到欣慰和幸福，因为她顺利诞下一个男婴，有点瘦小，却非常健康。

钟世藩完成他在儿科病房的工作后匆匆赶来，喜出望外，一把抱起他和廖月琴的第一个孩子，准备为这个刚刚"面世"的小家伙取名。取个什么名字好呢？因中央医院位于南京钟山的南面，钟世藩便按照这个出生地的位置，给孩子取了"南山"这个他认为颇有气势的名字，妻子欣然同意。

钟世藩感慨，如今钟家又有了后继之人，尽管身处乱世，小南山生不逢时，但他的出生，给自己带来了勇气和希望。

这是钟世藩和廖月琴喜得贵子的日子，也正是在这一天，这个初临人世的婴儿，开始了他的非凡人生。

小南山由上了年纪的外婆看护。外婆是个戴着眼镜、梳着发髻的小个子女人，会讲厦门话，也会讲普通话，但是她写的是跟英文有点像的厦门拼音，在那个时候可是很时髦的事。

彼时，南京动荡不安。小南山出生后不久，这座城市就在日本侵略军的轰炸下化作一片废墟，钟家的房屋也未能幸免。当呼天抢地的外婆和母亲好不容易把小南山从瓦砾里扒出来时，她们惊骇地发现，孩子已是灰头土脸、一声不吭——再晚一会儿就没命了！

1937年12月，南京沦陷在即，钟世藩一家随中央医院的大部队一起转移，千里跋涉赶往贵阳。

那时候，战火和硝烟的阴霾也笼罩着贵阳，当地流传着这么一句顺口溜："天无三日晴，地无三尺平，人无三分银。"来到贵阳之后，钟家过着更加拮据的生活。一顿饭能有一块酱豆腐，已算是美餐；重新置办的一点家私，以及钟世藩夫妇珍爱的医学书籍，很快又被不断加剧的战火吞噬。

1942年，6岁的小南山开始上小学。他贪玩、淘气，不好好学习，经常逃学，时常让父亲钟世藩摇头叹气。钟世藩白天忙于工作，晚上回家后还要辅导小南山完成功课，可这个小顽皮耐不住性子，听父亲讲的时间长了，就会借上厕所为由溜走。

童年时的小南山也曾因为撒谎而受到父母批评。

廖月琴每个月都会给小南山一些钱,让他交到学校作为伙食费。有一次,学期快结束时,母亲问小南山伙食费的钱是不是还有剩,他眼珠子一转,搪塞道:"你去学校问吧。"结果母亲真的带着他去学校了。可小南山哪里肯去见老师,快走到学校门口时,他眼看瞒不住了,便着急地对母亲坦白:"饭钱我自己用掉了。"原来,他是拿着钱到街上买吃的了。

让小南山感到意外的是,母亲竟然真的进学校去见老师了,回来后并没有太过责备他,而是教育他道:"你这么做是不诚实的表现。"向来严厉寡言的父亲,也只对他说了一句:"你自己再想一想,为什么撒谎?"小南山的脸唰地红了,羞愧地低下了头。每当回忆起这段儿时往事,钟南山总会想起母亲的教训和父亲的责问。

1945年底,中央医院转往广州,小南山和妹妹钟黔君跟随父母再次迁徙。他们坐着医院的救护车长途跋涉,在沿途的小客栈里备受臭虫和蚊子的侵扰,历经八天八夜才到达目的地。

珠江、海珠桥、爱群大厦……眼前的一切多么新奇!对饱受战乱之苦的小南山来说,当时的广州就像天堂。正是在广州,钟南山接受了注重人的全面发展的教育,为他后来做事和思考的方式打下了基础。

在学业上，小南山没少让父母操心。从贵阳到广州时，小南山已经是四年级，可就是因为贪玩、厌学，他没能顺利升上五年级，经历了人生中的第一次留级。初到广州，语言不通是原因之一，但他认为主要问题还是贪玩。

那个时候，活跃的小南山迷上了武侠片。电影看多了，他就想模仿银幕上的侠客：手一举，腿一抬，便能在天上飞。

楼外有一棵很高的竹子，小南山靠它学了一身的"本事"。因竹枝伸过来挨着三楼，他就像猴子似的，扒着竹枝上去，然后再顺着竹子往下溜。有的时候，他又扒着楼外墙壁上的水管下到地面。

对于如此淘气的钟南山，父母的教育方式很传统，他们都是典型的严父慈母。

作为家中长子，小南山很"霸道"：吃饭时，鸡蛋他要最大的；有肉吃，他也要夹最大块的。起初钟世藩只是对此皱皱眉头，后来再也忍不住，啪的一声打掉了儿子的筷子，训斥道："你想一想，别人还吃不吃？！"羞愧的小南山以后再也不那样了。

当钟世藩用自己的工资买来小白鼠做实验后，生性顽皮的小南山着实安静了许多。他对小白鼠特别感兴趣，每天都细心观察小动物们的成长，看它们怎样活动,怎样抢东西吃,觉得它们非常灵敏、可爱。但他最后得出的结论是:它们都是自私的,从来不会把食物留给同伴。所以在小白鼠吃东西的时候,小南山喜欢逗一逗它们。仁慈的母亲廖月琴特别同情弱者,包括小动物,她嘱咐小南山不要伤害它们。因此,钟南山从小就知道爱护小动物,一直到长大,始终如此。

可以说,钟南山的健康成长,离不开家庭的生活环境,尤其是父母的言传身教。

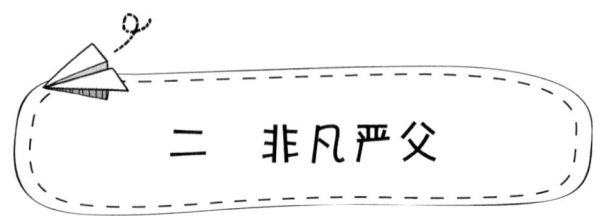

二 非凡严父

钟世藩是我国著名的儿科专家，1901年出生于厦门，因父母英年早逝，从小便跟着叔叔生活。中学毕业以后，因为成绩优异，他于1924年考入北京协和医学院，成为当年招收的仅40名新生中的一人。学校采取淘汰制，一个班40名学生最后只剩下了成绩优异、出类拔萃的8名学生，钟世藩又是其中之一。1932年，他顺利毕业，之后又赴美国深造。1946年，钟世藩一家随中央医院迁移到广州，随后担任广州中央医院院长兼儿科主任，并受聘为岭南大学医学院儿科教授。三年后，他被世界卫生组织聘为医学顾问。

如今，虽父亲已离世多年，但每当说起他时，钟南山仍深怀敬畏之心。钟南山还记得，钟家历经了许多磨难，但父亲从来没有为当初选择留在祖国大陆而后悔，爱国之心始终不改，后人也深受他这种风范的感召。

1949年10月，钟家面临着两个决定日后人生道路的选择。当时正是广州解放前夕，钟世藩一家被动员带着医院的13万美元财产去台湾。钟世藩坚决地回答说"是中国人就得待在这里，而不是离开去台湾"，毅然留在了大陆。其实，早在大学毕业的时候，钟世藩就完全可以到美国去，但是他不想离开祖国。广州解放后，钟世藩将那13万美元全部交给了解放军的临时军管会。

钟世藩一生都致力于揭开医学上的未知之谜。20世纪40年代，病毒学开始发展之际，钟世藩正在美国进修，他发现了细菌保护病毒活力的作用是在细菌活跃繁殖状态下产生的，这一研究结果得到辛辛那提大学病毒学家赛宾（A. B. Sabin）和约翰斯·霍普金斯大学病毒学家豪威（H. A. Howe）的重视和肯定。1953年全国高等院校院系调整后，钟世藩任广州华南医学院儿科教授兼主任，随后创办了全国最早的临床病毒实验室之一——中山医学院儿科病毒实验室，从事病毒研究及研究生培养工作。甚至在去世的前一天，钟世藩仍试图用电磁场来切割培养病毒的液体，使病毒产生变化，看这样是否能杀灭病毒。面对死亡，他从容不迫，镇定地吩咐儿子："找人弄来电磁铁，准备做下一步的实验。"

"我一到他面前,就觉得很恭敬,觉得自己的层次提高了一个台阶。"钟南山对父亲真切地评价道。从钟世藩身上,幼年的钟南山不仅学到了如何治学、治病,父亲锲而不舍的精神,更对钟南山产生了深远的影响。

1975年,74岁高龄的钟世藩开始撰写《儿科疾病鉴别诊断》。

有时候,钟南山劝父亲:"您的眼睛、身体都不太好,算了吧。"

钟世藩笑着回答:"不做点工作,让我等死吗?"

在写作的时候,钟世藩根本没有想过稿费,他只有一个动力——写出一点对广大医务人员有帮助的东西,所以再困难也要写。

那个时候,图书馆基本上无人造访,但那些老管理员,每天一大早都会接待一位前来写作的老人。中山医学院儿科教研组一个姓温的医生,因被钟世藩的热忱所感动,主动提出帮助他抄写手稿,促使他的心血之作得以顺利出版。

这部儿科医学专著共40万字,耗时三年完成,钟世藩最终所得的稿费是3000元。他把其中的一半给了温医生作为酬谢,又把大概1000元给了帮助他查阅资料的人,最后给自己留下了500块钱,又用这些钱买了

《儿科疾病鉴别诊断》送给别人，所以他的稿费一分钱都没有剩。

这是一名真正的学者之所为。

后来，钟南山在事业上孜孜以求的时候，蓦然领悟父亲当年之举，也就明白了父亲的追求。

钟南山之所以从心底里敬仰父亲，还因为父亲是一名有良知的医者，拥有崇高的医德。

钟南山清楚地记得，小时候，父亲救治病人，常常是风里来雨里去，而这样的出诊，基本与他在医院的工作无关。

有时是晚饭过后，突然有人急急忙忙地来了，请钟世藩去看病；有一次是校卫队的人，那些孩子都很穷，要他去看病；有的时候他正在看书，或者在做一些研究，有人来敲门……他都照样诊治。登门求医的病人，不论是哪个阶层的，钟世藩从来一视同仁，而且把大多数的病人给看好了，所以病人及其家属都对他心存感激。

钟世藩为人刚正不阿，他告诫钟南山，无论在何种境遇之下，都要诚实、鲜明地亮出自己的观点。

钟世藩给研究生改论文或者讲义时，如果觉得很差，就会直接在学生的稿子上打叉。那时同样是一名学生的钟南山心里想：这不会伤害那些学生吗？父亲却说:"写得实在太差了,所以要给他们非常鲜明的印象。"钟世藩从来都是这样真实地表达自己的观点。

钟南山从小受到的最重要的教育就是做人要诚实,要把自己内心最真实的感受说出来。而父亲说话做事都讲证据,对钟南山一生影响最深。

三 卓然慈母

她,有着特别好看的双眼皮儿,总是面带微笑;她,衣着朴素大方,逢年过节穿的新衣顶多是白色带一点花。这便是钟南山记忆中的母亲廖月琴,一位典型的淑女。"她喜欢听我讲话,我讲的时候,她常常会仔细地听我讲的内容,她要表达对我的批评或者是建议的时候,常常不会直接地说,而是很婉转地对我讲。"

1911年,廖月琴出生于厦门鼓浪屿,与钟世藩是同乡。她是一个商人的女儿,所在的廖氏家族在当地声名显赫。廖月琴的曾祖父廖宗文白手起家,开创基业,膝下有四个孩子,分别是廖清霞、廖悦发、廖天赐、廖天福。廖悦发的女儿廖翠凤是著名作家林语堂的妻子。

廖月琴的父亲廖超熙是廖天赐的儿子,他曾经商,思想超前;她的母亲谢淑媛,出自大家族,温柔贤惠,能识大体。生在这样的家庭,廖月琴举手投足之间都透露着超凡的气质,从来就是个与众不同的女子。

年少时，廖月琴在家乡的毓德女中读书，后来考上了协和医学院的高级附属学校，学习高级护理。在那个年代，像她这样出身于富贵之家的女子，极少有愿意从事护理专业的。毕竟在大多数人看来，干这一行就是伺候人的，堂堂大小姐，怎能去干这样的活儿呢？然而廖月琴有个性，坚持自我，从来不会被他人左右。

毕业后，廖月琴由当时的国民政府卫生署派到美国波士顿深造。新中国成立后，她被调到当时筹建的华南肿瘤医院担任副院长，为该院的创办投入了非常多的精力和热情。

为了做好工作，廖月琴每天都去上夜校，还认真研读关于解剖学、肿瘤学的书。当时，钟南山望着已经年近四十的母亲，心疼地问："学这些干吗？"廖月琴望着自己即将长大成人的儿子，眼里满是慈爱，温和地说："我要当肿瘤医院的院长了，总不能连肿瘤是什么都不知道。干一行，就要爱一行，干一行，就要懂一行。"廖月琴言传身教，这一番话烙在了钟南山的记忆里。

作为华南肿瘤医院创始人之一，廖月琴为中国的医学事业作出过突出的贡献。

廖月琴有志向，有追求，在事业上如此，在择偶方面也如此。在协和医学院就读期间，她遇上了一生挚爱钟世藩。钟世藩虽是高材生,但家庭清贫,还比廖月琴大了10岁,可谓门不当户不对。但廖月琴就是认定了钟世藩。

1934年毕业后,23岁的廖月琴与钟世藩步入了婚姻殿堂。一切刚刚起步,婚后生活贫困而拮据。钟世藩为事业拼搏,家里的一切都由廖月琴打理,但这位曾被家人捧在手心的大小姐,从无怨言,平静自如地应对家庭琐事。

廖月琴不仅善良、富有同情心,而且乐于助人。直到现在,钟南山还记得母亲是如何对待有困难的人的。他说:"我对人的同情心、责任心,便是从母亲那儿继承过来的。"

钟南山在北京医学院就读时,他的一个同班同学问他借钱,他告诉了母亲。廖月琴听后沉默了。为了供儿子读书,家里已经把所有钱都拿出来了,日子过得特别拮据。她很为难,对钟南山说:"你不知道,我们为了准备你读书的钱都很困难了,实在没办法了。"

可是钟南山没想到,几天后,母亲将皱巴巴的20元钱给了他,叮嘱他一定要交给那个贫困的同学。要知道,那20元钱来之不易,几乎是钟家两个月的生活费!

廖月琴也是一个信守承诺的人。只要是答应了儿子的事情,哪怕再小、再难,她也从来不会食言,这让年少时的钟南山钦佩不已,也深深地影响了他。直到后来,钟南山有了自己的儿女,也像母亲一样对孩子信守承诺:"要么不答应,答应了我就一定要做到。"

1964年,钟南山已经大学毕业了,他从北京回到广州探亲。但是,他怎能想到,与母亲的这一次相见竟然是诀别。

1966年7月,母亲廖月琴的离世,成为钟南山心中最大的痛。

钟南山对外婆家的记忆是,那里永远充满诗情画意,而生活在那里的人都有良好的文化修养。他对厦门人有着非常好的评价:"他们性格好,对人真诚、热情,母亲就是这样的人。"

对钟南山来说,父母的人生经历是宝贵的精神财富。每当谈起双亲,钟南山总满怀深情。父母是典型的传统知识分子,很有风骨;而钟南山,在经历了风雨的洗礼后更显豁达,他所坚持的人生哲学是:生活在这个社会,就必须融入进去,只是不要因融入而丧失自己的原则——坚持真理,不讲假话。

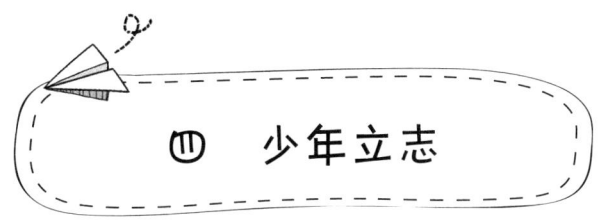

四 少年立志

1949年，钟南山以高分考取了私立岭南大学附属中学。那一年，广州迎来了解放。

当初不爱学习的钟南山，为什么能以高分考上中学呢？其实，除了父母对他的耐心教育，还因为老师的一次鼓励和表扬。

当时，还在念小学的钟南山有个同学，他喜欢锻炼身体，十分强壮，让经常被有钱人家孩子欺负的小南山很佩服。虽然这个同学出身很贫穷，是学校雇用的保安——校卫队的，但他却喜欢音乐，而且有很好的教养。

有一回，班里丢了钱，有人怀疑是这个同学偷的。这个同学很气愤，说自己根本不会做这种事。他问钟南山信不信他，钟南山的回答是"信"，还在作文里写了这件事。后来，老师在这篇作文后面写了评语，说钟南山写得很真实，写出了对于一个普通贫民同学的真挚情感,但没有给他打分。

小南山便去找老师:"您没有给我评分呢!"

老师立刻抱歉地对他说:"噢,是我忘了。"随手给他补上了分数"5"。

那时他心里想:老师写了那么多好的评语,一定是想给我5分的,只是忘了写而已。

老师的这一次肯定,对小南山起了决定性的作用。他意识到,自己完全可以成为一个好学生。这个时候母亲也鼓励他,说只要他好好学习,考上中学,就奖励他一辆自行车。

因知道母亲言出必行,这个许诺对钟南山的诱惑极大。于是,六年级时他发奋读书,告别了贪玩,成绩一下子像火箭升天,最后顺利升上初中。

母亲当即兑现承诺,给钟南山买了他期盼已久的自行车。钟南山一下子体会到,原来认真勤奋地做一件事情,除了能收获好的结果,还能赢得别人的尊重。

升上初中一年级后,他受到了很好的教育和影响,是大家心目中的好学生,但不仅仅是念书好。那时很多人学习都很不错,但同时还要体育好,文艺也好,才能成为同学们的榜样。钟南山就读的私立岭南大学附属中学比较注重发展人的全面素质,对于学生的教育,还包括教他们从小进行演讲比赛、做义工等,这些都给钟南山留下了美好而深刻的印象。

就在初一那年，13岁的钟南山加入了刚刚组建的少先队，是广东省第一批加入少先队的"红领巾"。

1951年，钟南山上初二了，成绩非常好，但和同学的关系不算好，有时同学请他帮助，或者对他有什么意见，他就不太高兴。后来一个同学尖锐地提出批评，说他不关心集体，有的时候比较自私。钟南山很受震动，一开始怎么也想不通。几天之后，同学面前的他，却一下子有了改变，开始处处替别人着想，很快便赢得了同学的信赖。

钟南山不满足于现状，想跳级，从初二直接考到高一。为此，他补习了一个暑假，考完试后成绩不错，便真动了心思。谁知道一提出要求，就被老师否决，老师还到家里对他父亲说，钟南山年纪太小，跳级对他不一定有好处。钟南山很不理解，为此闷闷不乐，但只能接受事实，接着读初三。

初三时因为成绩突出，钟南山不需要考试，直接升上高中。这一次，他觉得特别自豪，也理解了老师的良苦用心。

母亲又一次奖励了他。

"她奖励我去一趟北京。那个时候是坐火车去的，和我一个很要好的同学一起去。"钟南山说。1953年，钟南山第一次去北京。

在私立岭南大学附属中学的三年里，钟南山始终是班里的第一名。在那里受到的教育，让他终生受益。

一次，上语文课时，钟南山踊跃回答了老师提出的问题。从北方来的语文老师对钟南山的回答很满意，说出了一番意味深长的话："人不应该单纯生活在现实中，还应生活在理想中。人如果没有理想，会将很小的事情看得很大，耿耿于怀；人如果有理想，身边即使有不愉快的事情，与自己的抱负相比也会很小。"

这一番朴实的话语，刻在了少年的心头。

后来，钟南山领悟到老师这番话真正的含义，就是一个人一辈子都要有远大追求。他在往后的生活中经历了诸多酸甜苦辣，但每一次都能够战胜困难，就是因为他心中有远大的追求。

渐渐地，钟南山从懵懂少年成长为一个有志气的青年。

入读华南师范学院附属中学后，钟南山开始对苏联文学着迷。1953年的中国，苏联文学激荡着万千热血青年的心。《钢铁是怎样炼成的》的主人公保尔·柯察金成了钟南山的榜样，而他的名言成了钟南山的座右铭：人最宝贵的是生命……当他回首往事时，不会因为碌碌无为、虚度年华而悔恨，也不会因为为人卑劣、生活庸俗而愧疚……《远离莫斯科的地方》同样荡涤着钟南山的心灵，如同光芒一般照耀着他。来自苏联的革命浪漫主义教育，感召着他，渗透进他的灵魂。

钟南山刚读高一时，学习成绩在班里是很普通的，但他凭着一股志气追赶，结果到了高二，他的成绩就真的上去了。

钟南山有一种不服输的性格，这是他在参加体育比赛的过程中培养出来的。自小学六年级起，他便参加各种竞赛，从中获得战胜困难的勇气和敢于拼搏的力量。所以，除了父母的教育，对他人生影响最大的就是竞技体育。

1954年，在由华师附中举办的广州市运动会中，钟南山取得了400米赛跑第四名的成绩。之后，由于他经常参加广东省田径队的业余训练，所以进步很快。读高三时，他参加了广东省田径比赛，在400米比赛中排名第二，并且打破了广东省纪录；后来，他又代表广东省参加在上海举办的全国田径运动会，又在400米项目中取得第三名的好成绩。

钟南山收到中央体育学院（现北京体育大学）寄来的一封信，被邀请到国家队去参加培训。钟南山找父亲商量，钟世藩还是希望他能继续好好读书，选择从医之路，因为医学研究和治病救人可以是终其一生的事业。

6月份的高中毕业考试马上就要来了，还要备战高考，所以钟南山没日没夜地在学习上追赶。结果，当年广东省共有5个人考上了名牌大学北京医学院，钟南山就是其中之一。

北京医学院的招生分数线比较高，钟南山也对自己的高考分数不满意："其他科还好，但是数学好像才考了60分。一共是5个题，我只答对了3个，倒是及格了。"

可就在以为没有希望的时候，他收到了入学通知书。

五　大学生涯

到北京！上北医！

实现梦想的那一刻，钟南山感到莫大的欣喜，心中对即将到来的大学生活充满了向往。

钟世藩原来希望儿子报考华南医学院，但那个时候人们普遍觉得祖国首都的大学是最好的，于是钟南山立志考北京医学院，而他的美梦成真，对父母来说也是意外的惊喜。

上了大学以后，钟南山发现自己在班里并不突出，觉得自己不如来自五湖四海的同学，在表达能力、组织能力上实在是相形见绌。

钟南山想，这些同学，特别是班干部在班里组织文艺活动、做义工等方面的号召能力很强，也很有方法，非常值得自己学习。

北京医学院尖子成群，竞争激烈，但钟南山依然不服输，他非要追上去不可！

这些不自觉的比较，对钟南山的成长产生了重要的影响。面对差距，他奋起直追，追赶那些跑在自己前面的人。到了第二年，他成了品学兼优的尖子生，这也让时常关心儿子学业的钟世藩倍感欣慰。

1956年，在钟南山读大学一年级下学期时，学校传来喜讯：周总理要接见在北京读大学的"三好学生"。霎时，校园里所有人都为之沸腾。

钟南山所在的年级有将近600人，但是只能选上两三个同学。在学习上，钟南山和很多同学差不多，但是他的过人之处在于体育成绩很好，曾在高校运动会中拿过冠军。所以，他幸运地入选，受到了周总理的接见。

"那个时候我真开心哪！"后来，每次回忆起那次难忘的经历，钟南山总是笑逐颜开。

进入北京医学院以后，钟南山没有放弃体育。1958年，他正在读大学三年级，被抽调到北京市体育集训队训练，为参加第一届全国运动会做准备。

这是一次机遇，也是一次挑战，钟南山为此付出了前所未有的努力。

每天下午五点半放学后，他坚持在校园里进行跑步训练。等到日落西山时，学校食堂早关门了，他只能到校门外的合作社买饭吃。

到了集训地之后，训练更加艰苦，可钟南山意志坚定，都一一挺了过来。

离正式比赛的日子越来越近了。在选拔赛中，一直努力不懈的他竟然没被选上。这一意外的打击让他倍感失望、沮丧，几乎失去了斗志。

三百多个日夜挥汗如雨的努力，难道就这样付之东流？

钟南山命令自己：绝不能认输！在关键时刻绝不能自暴自弃！

在最后的冲刺阶段，他再次挑战自我，最终战胜了自己。

1959年8月，在第一届全国运动会的预选赛中，钟南山以54秒2的成绩打破了当时54秒6的400米栏全国纪录。次年，他又在北京市运动会中赢得男子十项全能亚军。

此时，北京市体委提出，希望钟南山留在体育集训队。

这可是他继续体育生涯的机会啊！但是，他很冷静：如果要选择走这条路的话，目标就应该是争取世界奖项，但是，自己不够高，也不够壮。

钟南山考虑再三，经过一番权衡之后，他毅然决定把自己的一生奉献给医学事业。

"一个人要能够给世界留下点什么东西，才算没有白活。"这是钟南山上了高中后，父亲钟世藩曾经对他说过的一句话。钟世藩教育儿子要做一个对社会有贡献的人，不负此生。这种潜移默化的教诲，为钟南山最终选择医学事业埋下了伏笔。

1960年，钟南山回到学校继续读书，但马上就进入了半年的实习阶段，所以实际上他只念了三年半大学，临床医学上的很多东西他都没有学到。这让钟南山终生遗憾。缺乏完整的学习，也导致后来他从北京回到广州从医时，在立业路上走得异常艰难。

毕业后，钟南山留校当了老师，负责新专业，搞放射医学，研究原子弹爆炸时射线对人体的危害。

尽管钟南山放弃了体育事业，但直到今天，在不同的场合，他依然倡导体育精神，不厌其烦地以自己当年的拼搏经验来激励年轻人，也建议身边的人引导孩子热爱体育，培养孩子的竞争意识和合作能力。

"我为什么到现在还喜欢体育运动呢？因为它能培养人的三种精神，一个是竞争的精神：一定要力争上游；第二是团队精神；第三是如何在一个单位时间里高效率地完成任务：就像跑400米栏，练了一年才提高3秒，每一秒都那么宝贵。把体育的这种竞技精神拿到工作、学习上来，是极为可贵的。"每当提起他那骄人的成绩，钟南山就会如此重提这种体育精神。

六　八年相恋

1955年，钟南山刚上北京医学院，就机缘巧合，与夫人李少芬相遇。

钟南山与李少芬的相识，并非缘于体育，而是因为亲戚间的往来。

到北京上大学后，钟南山常常去看望住在北京的姨婆。当时姨婆与一位女友为伴，女友是她教会的姊妹，她们终身未婚，一直互相陪伴至晚年。姨婆的这位教会姊妹有一个侄女，就是李少芬。李少芬是广东花都人，与钟南山同龄，因1953年被国家体育队录取为篮球运动员而来到北京，也常去看望她的这位姑婆。

两个年轻人都来自广东，一个是看望姨婆，一个是看望姑婆，他乡遇知己，而且年貌相当、情投意合，彼此是既惊又喜，自然而然就成了恋人。

1952年前后，第一支中国女篮队伍组建而成，年仅16岁的李少芬被中央体育学院选为首批队员之一。这位广东籍健将的体育生涯有着许多精彩的故事。在她的影集中，她最喜欢的，就是1963年在印度尼西亚雅加达举行的首届新兴力量运动会的开幕式上，她以中国代表团护旗手身份出现的那一张照片。正是在那届运动会，李少芬所在的中国女篮夺得了冠军，中国篮球得以在世界舞台上崭露头角。

李少芬经常随队训练和出国比赛，因此她和钟南山相聚的机会很少，大部分时间两人都在思念中度过。在李少芬前往各国征战期间，一家法国篮球俱乐部曾开出极其诱人的条件邀请她加盟。面对如此优厚的待遇，李少芬回绝了，因为她不能辜负祖国的期望，更何况，她不能让正与自己热恋的钟南山伤心失望！

钟南山和李少芬从1955年相恋，8年后才成婚。

1963年12月31日，钟南山终于迎娶了自己朝思暮想的新娘。

两人高高兴兴地手拉着手去拍结婚照，李少芬梳着一头微微有点卷花、长到脖颈的秀发。婚礼是最简朴不过了：一对新人没有婚纱和礼服，只是穿上新买来的衣服，给每个前来参加婚礼的客人一块喜糖。婚后，他们的小家是体委安排的一间不足10平方米的小房，里面只能安置一张床以及简单的家居用品。

之后，李少芬又为国家队效力了三年。直到离开，她一共在国家队拼搏了13个年头。

1966年，因考虑到养母和公婆无人照料，本来可以留在国家队当教练的李少芬执意回到广东。随后她又在省队打球，到1973年才彻底退役，之后仍一直为体育事业作贡献。至今，年逾八十的她，仍担任广州市篮球协会的顾问。

如今，钟南山与李少芬的幸福之家在广东乃至全国都有很高的知名度。他们的女儿钟惟月是20世纪90年代我国优秀的游泳运动员，曾获得世界短池游泳锦标赛100米蝶泳冠军，在1994年还打破了短池蝶泳世界纪录；儿子钟惟德，是广州市第一人民医院泌尿科医生，也是医院篮球队的主力。

七　钢铁意志

从1964年底到1966年初，钟南山积极投身于社会主义教育运动。他从北京医学院被派往山东胶东半岛乳山县下乡体验生活，和同样被下放的干部一起，每天与农民们同吃住、同劳动，甘苦与共。

临行之前，钟南山递交了入党申请书，决心要在下乡期间经受考验，力争加入党组织。

到了乡下，钟南山住在老百姓家。那里的情况非常艰难，这是钟南山始料未及的。

每天，他都跟农民干一样的活儿，耙地、种地瓜、除草等，晚上还要开会。集中开大会的时候，大伙儿就睡在地上，只往地上铺一层麦秆。

到了3月，一年的口粮就吃得差不多了，他就开始吃槐树叶，而地瓜干已经算是不错的食物了。

他睡的是不烧火的凉炕，到了寒冷的冬天，臭虫和虱子照样在冰冷的屋子里到处乱爬。睡到半夜，实在顶不住了，他就把所有的棉衣都穿上，可还是冻得不行。他整个身子蜷缩在一起，将可以挡风御寒的东西一件件压在身上，这么一来，睡觉就不是躺在炕上，而是跪在炕上了。每天，钟南山就这样一直熬到天亮。

此外，虱子咬坏了他的脚踝，给他带来难以忍受的瘙痒。被挠破的创面开始化脓，然后是浮肿，一天比一天严重，最后居然像一个球，直径有6寸大，以致他根本系不上棉鞋的鞋带。这个"大球"，裤腿也遮不住，只能露在冰天雪地中，但他照旧一瘸一拐地出工。

到了春节，公社放假10天，钟南山终于有机会回城治疗。他非常担心，脚踝的脓肿如此厉害，如果出现骨髓炎，就得截肢。运动员不能做，医生不能做，万一再落下残疾……这样一想，他就觉得好像有一块巨石压在了心头。于是，他和朋友借了钱，马上回广州就医。

还好，经过医生的精心治疗，脚总算保住了。

那次下乡所经历的一切，对钟南山触动很大，让他时常想到，在中国还有人这样生活着，活得很苦，但他们对待客人就像对亲人一样热情。

"那个时候，农民把我看成是毛主席派来的，总是把自己认为最好的东西拿出来。可他们那时的生活，一年大概只有两次吃白面，能吃上饺子已经是太难得、太奢侈的事了，吃肉一年也就是一次。在过大年的时候，农民家里一次性做出一大锅,那是一年一顿最幸福的饱饭。"

钟南山与当地农民建立了深厚的感情,直到多年以后,乳山县的农民还写信给他,希望他"回去看看"。

由于钟南山带病坚持劳动,表现突出,受到一致好评,他如愿以偿,加入了中国共产党。

但是,回到北京医学院后,钟南山还需要继续劳动。

因为当过运动员,钟南山的身体素质较好,既然暂时回不了教研室,那他就更加努力,更加勤勤恳恳,向大家证明自己是积极上进的人。因此,在劳动时,人家干活儿一次背一筐,他就背两筐。

可就在此时,从广州传来母亲离世的噩耗,钟南山悲痛欲绝。怀着对母亲的哀思,钟南山和学生们踏上了红军走过的长征路。后来,他当过半年北京医学院校报的编辑,又当过辅导员。在动荡的年代里,他默默地忍受着,还时刻不忘保护学生,帮助同事。

1967年,钟南山想方设法回到广州,与妻子见上了一面。这一次相见,李少芬怀上了他们的第一个宝宝。

第二年,离妻子预产期还有两个多星期,钟南山带上十几罐奶粉,又从北京匆匆赶回家。临产的李少芬跟父亲钟世藩一起到火车站去接他。因站在火车站的时间太长，连挤带累，在接回丈夫后的第二天，李少芬便生下了儿子钟惟德。这个早产儿出生时只有5斤多重。

同年，钟南山接到了北京医学院革命委员会安排的工作：烧锅炉。

当时的锅炉体积大，用煤量也极大，需要不停地往炉膛里送煤。此外，炉子的温度特别高，人只能勉强忍受。每天，钟南山双手握住大铁锹，一锹一锹地铲起几十斤重的煤炭，往前走十来米，再把煤甩进熊熊燃烧的炉膛里去。除此之外，还要清理炉膛，用铁钩子把里头已经烧焦了的炉渣撬出来。锅炉的温度实在烤得人受不了，被翻起的炉灰、高温的烟尘，呼呼地直往外冒……这样的工作一干就是从早到晚，几天下来，钟南山开始感到体力不支，这份工作挑战着他的体能极限。不过，干的时间长了，他也就慢慢习惯了。

这时，一年一度的献血又开始了，那时很少有人自愿报名。因为缺乏营养，即使不献血，许多人的体质都不够强壮，更不用说在献血之后了。

可钟南山主动要求献血。就这样，400毫升的鲜血从他的身体里往外流。本来按规定他是可以休息几天的，但是他白天献完血，晚上还是接着按时去值班。

他根本没有想到，此时身体已经不由他做主了，空空的铁锹攥在手里，他都觉得沉甸甸的。

他铲上第一锹煤炭，双手就不停地抖，虚汗顺着额头往下淌。他咬着牙，叮嘱自己一定要挺住，然而身体太虚弱，无法支撑，不知不觉就昏倒在锅炉前。在他往炉膛里甩煤的一瞬间，铁锹砸在了他的腰上。还好，煤还没送入炉膛，否则，从炉膛里喷出的火舌，肯定会将他灼伤。

在那些日子里，折磨与煎熬，哀痛与感伤，不断地磨炼着钟南山的意志。然而，如他自己所说，对任何事情，他总是首先看到积极、光明的一面，即使是那些辛酸坎坷的往事。

八　分隔两地

从 1967 年到 1971 年的四年间，钟南山每年都想尽办法回一次家，但每一次离开，他都几乎肝肠寸断。

为何要离家？何时再团聚？没有答案。家里，出生不久的儿子可爱又可怜；妻子李少芬除了抚养孩子，还要挑起赡养两家老人的担子。

1969 年，儿子钟惟德 1 岁时，正值钟南山随下乡的医疗队前往河北省宽城。

刚到宽城没几天，钟南山的同学、最要好的朋友不幸罹难。他们是一个医疗队的。渡河时，他的同学因为水性好，以为自己能游过去。可眼看就要上岸了，这个同学却突然大喊，之后被水一卷，一眨眼翻了两翻，人就不见了。

200 米之外是一个瀑布，水流湍急。钟南山一行人坐着小船去打捞，小船在水里不停摇摆，随时可能翻船。打捞了好几天，没有任何踪迹。这次意外让钟南山痛心不已，他感叹生命脆弱，命运无情。

当地农民缺医少药，一旦得了急症、重病，境况十分危急。钟南山所在的医疗队巡诊到距离县城30公里的一个村子时，一位农民肚子疼得厉害，需要找医生。以干部身份参加医疗队的钟南山，因为没学过临床知识，所以要从县城把医疗队的队长王海燕接过来，她也是北京医学院毕业的。可那是30公里并不熟悉的山路啊！眼看天就要黑下来了，怎么办呢？钟南山顾不上多想，便骑上一辆破旧的自行车，直奔县城。山上有条羊肠小道，下面就是悬崖。

见到王海燕之后，她一看自行车就发愁了：这么破，又都是山路，怎么走？钟南山说："你放心，你坐在车后面，我带你走。"

因病人随时有生命危险，钟南山心急如焚。第二天凌晨两点多，他们赶到后马上给病人治疗。可惜为时已晚，到了上午，那个农民还是去世了。

钟南山为此深感自责：为什么我不能给他治病呢？

几十年后，钟南山再见到王海燕时，他们还会聊起那件往事。王海燕说，那晚真是命悬一线啊，稍有不慎，可能就会掉下悬崖丧命。钟南山想想也感到后怕，那条山路如此崎岖，他来回骑了60公里，总共花了6个多小时。

钟南山和李少芬如牛郎织女般,每年只有一次相会,平时总是杳无音信,根本不知道什么时候能见面。

而父亲钟世藩一直默默地资助儿子的生活,从来不会问钟南山钱是不是够花,收入是多少,但很关注他在医学事业上的进步。

有一次,回家后,钟南山想让父亲看看自己的长进,便壮着胆子,在"关公"面前耍了一回"大刀"。之前,他在农村见到一个孩子,肾出了问题,尿血。他便对父亲讲自己所了解的治疗肾结核的方法,父亲听了后,首先问他:"你怎么知道是肾结核呢?"

尿血的原因有很多,因肾结核而尿血,只是其中一种情况,不等于尿血就是患上了肾结核。

钟世藩纠正了刚刚走上医学道路的儿子的错误思路,这件事让钟南山记忆犹新。父亲的话,从来都是简洁的,他总是向钟南山强调:"说话一定要有证据。"

父亲的医学态度,影响了对钟南山一生。

讲真话,是钟南山从小所受的教育,渐渐融入了他的意识和品行,成为他立身处世的原则。

钟南山实事求是的作风,贯穿了他工作与生活的每一个细节。最典型的是,比如他在课堂上讲课的时候,"为了让一个观点有理有据,就特别注意不能随便发挥,更不能人云亦云。"对待他人也一样,他要求对方说话要有依据:"你的理由是什么?"在他看来,这种做法对很多工作都是非常有益的,它是思维的出发点,这也成为他人生重要的信条。

1971年,有件事对钟南山的触动很大,那就是离开北京。

那一年,重新开始篮球比赛生涯不久的李少芬,在一次比赛中受伤,导致脑震荡,需要在家养病。上有老,下有小,一大家子没人照顾。时任广东省军区副司令员侯显堂十分爱惜人才,他前往探望李少芬,见家中只有老人和孩子,便问:"你的爱人呢?"李少芬回答说:"在北京。"侯显堂当即就说:"为什么不叫你爱人回来呢?你们怎么能总是这样两地分居啊?"卧病在床的李少芬喜出望外,感激得连连点头。

部队的调令就是命令。接到调函后第二天,钟南山就启程回广州了。

其实,不愿认输的他哪里能接受自己就这样"败北"!想当初,他留在了祖国的心脏——北京,要实现自己的梦想;可如今,不仅理想落空,而且囊中羞涩,满身创伤,他有何颜面去见远在千里之外的老父与妻儿?

从大学毕业一直到 1971 年回到广州，钟南山所做的事几乎没有一件与临床工作沾边。这 8 年本来应该是做出成绩的黄金时间啊！

离开北京时，他心里五味杂陈、悲喜交加。

九　开启事业

火车缓缓开动了。依依不舍的老师和学生、患难与共的朋友……漫长的回忆伴随了钟南山一路。

初冬，广州。

南国满目的青葱，悄悄地为风尘仆仆的旅人卸下一身沉重。

看见自己日思夜盼的丈夫，李少芬半天说不出话来：他真的回来了，真的再也不分开？她仔细端详着眼前人，觉得他仿佛比实际年龄老上10岁，又黑又瘦，打着补丁的衣服已经是不能再破旧的了，一双大眼睛满含凄怆，却闪着不屈的光。

钟南山则怜惜地望着面前曾经叱咤体坛的爱妻。为了他，为了家庭，她担惊受怕，日夜操劳，虽年纪尚轻，却已面带沧桑。

他泪流满面，接过妻子怀中的儿子，一股强大的力量一下子涌上心头，使他感到温暖、坚强。

这天，钟世藩特别高兴，他一大早起来，特意换上整洁的衣服。这位已步入古稀之年的老先生，站在儿子面前，仍像一棵挺拔的松树。

晚上，钟南山和父亲聊到很晚，讲他在外面的一些事。老爷子静静地听着，忽然插了一句问话："你今年几岁了？"

钟南山马上回答："35了。"

"哦，都35岁了？真可怕！"说了这句话，老人家再没作声。

整个晚上，钟南山不停地在心里掂量这句话：父亲的意思一定是，都35岁的人了，还一事无成，只是不好责怪他而已。

1971年，钟南山从广州市第四人民医院（现广州医科大学附属第一医院）出发，踏上了他的立业之路。一直以来，钟南山总是说，他的医学事业是从35岁才真正开始的。

当时的第四人民医院是广州最小、最破旧的医院。回广州以后，在选择工作单位这个问题上，钟南山有多方面的考虑。思来想去，李少芬随手一指，就选中了与家只有一街之隔的这个市级医院。

第一天上班，钟南山沿着一条小巷子，来到了新的工作单位。胸外科的一个主任很希望钟南山到他那儿去，钟南山也正好想去，但最后他被分配到了内科。

来到内科门诊的楼层，面前的一切实在让钟南山心寒：医生就坐在几把破凳子上看病；天花板上有一台电风扇，摇摇晃晃似乎快要掉下来。诊室内外的一切破旧不堪。

钟南山不由得心想，难道我就要在这么一个地方混下去？三十多岁了，还得重新学习内科？慢慢跟着人家学？不行！我绝不能甘于现状！一定要干出点名堂来，一定要改变这里的面貌！

自从走出校门迈上工作岗位那一天，钟南山就从父母给予他的人生经验中总结出宝贵的财富：他要先适应环境，然后改变环境。

据钟南山过去的工作伙伴余真回忆，在和同事们首次见面的早会上，钟南山谦逊地自我介绍道："我过去在基础部门工作，临床接触少，一下子来到门诊第一线，预料会碰上难题，到时要请各位不吝指教。"主管门诊的尤素真医生立即机敏得体地答话道："临床经验靠实践积累，过去你在这方面欠缺一些，但在别的方面知识就多一些，这是你另一方面的优势。从现在起，我们取长补短，互相学习，相信事情能办得更好。"

事实证明，钟南山说的并非客套话，而是发自内心的真诚自白。

上班后不过两三个月，原来圆头满腮、双目炯炯有神、笑口常开的一个小伙子，变得颧高目深、面容严肃，走路也在思考问题；原来壮实的运动员体格，瘦了不止一个码，先前紧绷在身上的白大褂，竟然显得松动飘逸，他真有点像个仙风道骨的大夫了。

外人不明所以，以为钟南山的健康出了问题，但留心的人都看到，为了早日成为一名合格的临床医生，除了按时上班外，他把大部分休息时间都用到了自行补课中，在X光室、心电图室、图书馆等地方常见他的身影。

早在还是运动员时，钟南山的座右铭是"闻鸡起舞"：早晨很早起床，从不拖延懒惰。在他工作急速转型的这一时期，乃至往后的日子，他都继续遵循着这个座右铭。除了刻苦勤奋，他还求新上进，不耻下问，随时随地为自己的问题找答案，不断提升自我。

一生都不安于现状，不向困难低头，这就是个性鲜明的钟南山。

20世纪70年代，我国的呼吸疾病研究水平仍十分落后，很多大医院还没有专业的呼吸科。正是在1971年，周总理号召全国医疗系统进行慢性支气管炎群防群治研究。

中央的指示来了，让谁去做这个工作呢？

民间有一句俗话："治咳不治喘，治喘不露脸。"意思是，气管炎迁延难愈，也没有医院能治好。因此，人们普遍认为这项工作没什么好做的，也搞不出什么名堂。

然而，广州市第四人民医院积极响应号召，组建起相关科室。医院革命委员会主任要求多派一个人去，后来便指定让钟南山去，理由是他提出过这样的要求：想到内科门诊去学习学习。

可是，钟南山没想过这样的工作调动，他不太愿意去。

医院下达了命令，钟南山是党员，必须服从分配。到那儿一段时间之后，钟南山渐渐有了一种信念，既然被分配到这里了，就要在这里培养兴趣，发光发热！

谁能料想，这，就成了钟南山一辈子的工作。就是从那个时候，他开始了辉煌医学生涯的第一步。

1971年的每一天，甚至每一刻，都在考验着钟南山。他跌跌撞撞、磕磕绊绊，但是，终于站稳了脚跟，坚定地大步向前……

十　艰难起步

1972年，在慢性支气管炎动物模型和实验治疗方面，侯恕领导的慢性支气管炎防治小组在全国已小有名声。适逢国家文教卫生系统开始着力整顿组织，提高科技水平，这个小组也凭借这一股东风，得以增加人手，增强实力。

在内科门诊工作一年之后，钟南山被调派到后来发展成广州呼吸疾病研究所（简称"呼研所"，现已更名为广州呼吸健康研究院）的慢性支气管炎防治小组。

一切都要从头开始。

加入慢性支气管炎防治小组之后，面对破旧的设备、简陋的诊室，钟南山提出了惊人的构想：实现实验室、病房、门诊和一个定点市郊的慢支炎医疗基地"一条龙"。虽然实现起来很困难，但他一直没有放弃，为此付出了不少心力。渐渐地，慢性支气管炎防治小组有了独立的门诊和病房，而且能够开展临床研究，可以说是"麻雀虽小，五脏俱全"。

侯恕和另一名组员余真深知钟南山在这个时期所承受的压力。他们知道，如果换了别人，可能会气馁，会退缩。没有钟南山当年的坚持，也就没有后来的呼研所。

慢性支气管炎防治小组草创初期，百废待兴，钟南山继续发扬"十项全能"的精神，而他那比较深厚的医学基础知识正好派上了用场。

搞呼吸系统疾病研究，首先重视的是肺功能的实验数据。侯恕从仓库里发掘出一台报废的"老爷"肺功能计，它基本上能测出肺通气功能的数据。但要进一步了解病人的血氧含量及血二氧化碳分压时，就需要增加设备。当时世界上已使用自动微量血气分析计，它方便、准确，但必须从国外进口，而且价格惊人，全国只有寥寥数台，根本无法弄到手。

1973年，全国肺心病会议即将召开，他们这初建的小组必须拿出有分量的论文，才能跻身全国科研行列。可没有先进的设备，就很难谈得上研究的突破。

随后他们又在仓库里找到一台血氧饱和度计，但它已经不能运作。

于是，钟南山抱着这台破机器，到上海找呼吸病学专家李华德，几经波折才得到对方的帮助，好不容易把机器修好。当钟南山抱着这台宝贝回来的时候，同事们高兴得又哭又笑。

从修好机器到测试数据，实验室做了一系列工作之后才把它应用到临床。如果没有钟南山的这些开拓性的工作，临床研究也就无法指望了。

在二氧化碳分压测定方法的建立上，钟南山他们也遇到了类似的困难。但他们没有坐等，而是苦苦研究肺功能计"进化"的历史，决定古为今用，采用重复呼吸气体分析的方法来计算出动脉血二氧化碳分压。这一方法需要几个关键的仪器：一个是气体分析仪，用于分析病人呼出气体的二氧化碳含量；还有连接病人呼吸道的氧气囊及三通开关。但这些设备他们都没有。

多亏钟南山了解基础医学，否则单靠临床知识，这些问题是无法解决的。他四处打听，最后在广州医学院某个基础实验室借来了一台人家不用的气体分析仪，还根据测定需要花了不少精力进行改装。他又在机械室以及一个与他相熟的机床厂的帮助下，经过反复设计修改，造出了一个铜质三通接头，能适应温度和湿度的变化而不生锈，不需要润滑剂就能顺畅变换开关模式。

在别人叫苦连天，因没有血气分析仪而无法推进研究的时候，钟南山所在的慢性支气管炎防治小组就采取了这些方法，写出了一系列提供血气资料的肺心病研究论文。尽管他们的方法引来不少质疑，但这种独创性和自力更生的精神，已使这个小组备受瞩目。

在1974年和1975年，医学期刊恢复正常出版之初，钟南山他们的两篇论文刊登于《中华医学》杂志和《中华内科》杂志，填补了广州地区多年没有论文在国家一级医学刊物上发表的空白。

不过，刚成立没多久的慢性支气管炎防治小组所具备的医疗条件实在有限。钟南山记得，最先是抢救一个因重症肌无力而呼吸衰竭的病人。他们买不起国外的呼吸机，只能用国产的，但那机器很容易坏，有时候只用了一个小时就停了，不能再运作了，就得用手来操作。晚上，他和侯恕、余真三个人只好轮流值班。

夜里病人睡觉的时候，呼吸机为病人送气，送气的声音均匀，说明机器在正常运转。如果突然间声音一变，钟南山就会一下子跳起来，赶快去修理。他因此逐渐成了修理呼吸机的好手。

在如此艰苦的医疗条件下，钟南山仍然想出奇出新。与同事们一样，他有一个想法，就是不能总安于这种只能看看普通病人的现状。于是，在之后的医学探究中，他把目光投向了与呼吸系统疾病治疗有关的多个领域，也开始对中医的疗法和理论产生浓厚的兴趣。

十一　辉煌开端

当时，钟南山认为，仅仅治疗慢性支气管炎，面就太窄了，应该拓展到对肺气肿、呼吸衰竭、肺心病的治疗，这样可以学到更多东西。因此，在往后的工作中，他遇到的很多病人，不论是呼吸科的，还是内科的，他都很注意去研究病理。

为了拓宽研究和诊疗的领域，而不仅仅是支气管这一个局部，钟南山他们寻找结构跟人相似的动物，发现猪的心脏和人的最接近，猪的肺也跟人的类似，而且猪也会得肺心病。他们便想办法买来了一头很大的猪，然后自己做实验，研究肺心病的生理变化。

当时买一头猪要花200多块钱，医院给了一些钱，钟南山他们自己又凑了一部分。

最初，他们对缺氧后心脏及肺血管功能和血液中活性介质变化进行观察、研究。他们先把猪麻醉，然后再插管。慢慢地，这些技术性的工作他们都一一掌握。但是，三人白天要看病，晚上要值班，怎么办呢？只能是妥善分工，一查完房，逮着空就去对猪做实验。

通过实验，他们找到了不同的缺氧程度下肺动脉的规律。另外，他们还观察到组织胺等一些介质在缺氧情况下的变化，而组织胺是身体内的一种化学传导物质，在气道炎症的调节中扮演着重要角色。

小组的研究成果相当出色，在几年后的全国呼吸疾病会议上获得专家们的高度评价，与之相关的多篇报告也分别刊登在国家级的专业杂志上。

这些研究成果也对日后的医学研究起到了非常大的指导作用。就这样，一个小小的慢性支气管炎防治小组，有了国内最先进的科研水平，有了国内最新的医学发现。

同时，钟南山开始努力学习中医，了解中医治疗呼吸系统的方法，而且都曾经实际应用到工作中，这尤其难能可贵。

自从来到慢性支气管炎防治小组，钟南山时常下意识地蹲在地上，仔细观察病人吐出的痰液，他发现每个病人咯出来的痰都是不一样的，有黄的、绿的，还有泡沫状的、黏稠的。经过实验，钟南山得知，同样是慢性支气管炎患者，其分泌物却有不同的成分。因此，根据不同的情况，他就要考虑使用不同的治疗方法。

当时他们跟中医科有联络，他便学习到一些中医讲究的五脏六腑综合调理办法。此外，他认真地向小组的老医生侯恕学习，在前辈研究的基础上，决定采用一种名为紫花杜鹃的草药来配合中西医治疗，有效率高于50%，效果显著。

1977年，联合国世界卫生组织传统医学代表团来中国参观，到了广州以后，开始了解中国的传统医学，最后来到了钟南山所在的小组。对于慢性支气管炎的中西医结合治疗，钟南山他们已经很有心得，所以抓住这个机会认真汇报，获得了专家的高度评价。

次年，作为广东省的代表，钟南山前往北京参加第一届全国科学大会。他与侯恕合写的论文《中西医结合分型诊断和治疗慢性气管炎》被评为全国科学大会成果奖。

这届大会会聚了当时几乎所有的科技工作者。在会上，他们阐述了科学对一个国家、一个民族的重要意义，对未来祖国科技的发展和进步都豪情满怀地表达了自己的信心。

会议期间，钟南山读了著名作家徐迟写的报告文学《哥德巴赫猜想》，完全被书中主人公时刻拼搏、刻苦钻研、无私奉献和坚强不屈的精神深深打动。而这位主人公——数学家陈景润，就坐在这届大会的代表席中！陈景润削瘦却精神矍铄的形象深深印在了钟南山的脑海里，他的心情久久不能平静。

从此，广东省卫生厅对第四人民医院刮目相看：医院虽小，却卧虎藏龙，有些货真价实的东西。于是，省卫生厅建议他们成立一个研究所，即随后在1979年成立的广州呼吸疾病研究所，这是国内最早的呼吸疾病研究机构之一。

这是命运给予钟南山的一个机会，而他紧紧把握住了。回到家乡后的创业初现曙光，一切都是通过自己的努力获得的，他感到由衷自豪！

钟南山一生的事业自此真正有了根基。

在呼研所正式挂牌之前，钟南山已经是小组内的灵魂人物。除了包办对上、对外联络的一切杂事以及负责实验室的业务，他也参与查房、抢救危重病人、值夜班、疑难病例讨论等工作。无数例呼吸衰竭患者的抢救，钟南山始终参与全过程。

值得提及的是，钟南山通过纤维支气管镜检查，发现一个顽固性咳嗽病人的右主支气管中有几粒鸡骨，后来将它们取出，治愈了困扰病人多年的顽疾，也开创了国内将纤维支气管镜应用于治疗呼吸疾病的先河。

呼研所成立以后，钟南山担任副所长，后于1982年被任命为所长。

不过，呼研所创立初期，条件依然很艰苦。一开始想做一些研究，可是没有地方，只好在医生办公室搬开凳子，挪开桌子，进行实验。当时所有人同在一间办公室里，每个人都有分工，经常要工作到很晚才回家，白天又要照常上班，而且没有报酬，也没有加班费，更没有奖金。

每天他们都非常辛苦，但是这个集体很团结，大家在一起其乐融融。最重要的是，他们有朝气、有理想，想干出一番事业，所以哪怕条件再苦，环境再差，他们都熬过来了。

十二　英伦深造

国际列车像一条粗黑的铅笔道儿，从中国的北京以北，向着莫斯科方向延伸。

就在广州呼研所成立那一年，钟南山获得了公费出国留学资格，被派往英国爱丁堡大学进行深造。

20世纪70年代的火车，缓慢、摇晃，车厢里充斥着柴油的味道。钟南山的心情并不轻松，可第一次离开祖国，进行如此的国际漫游，也真是让他眼界大开。

出发十几个小时之后，列车进入了内蒙古，然后经过漠河，驶进西伯利亚，途经贝加尔湖……窗外雪花飞舞，列车绕过了一个又一个湖。

10月20日这一天，是钟南山43岁生日。同行的朋友为他庆祝，在列车上举行生日宴会。他非常开心，算起来，至少有10个年头没有这么开心过了。

他们一行16人，都是改革开放以后被国家派出去的留学人员。其中有搞航空的，有搞数学的，还有搞原子能的……好几个人后来都成了院士。

因为当时国家经济紧张，所以他们没有坐飞机，而是乘坐国际列车。

到了莫斯科后，列车停留半天时间，大家有机会去瞻仰列宁墓，这真是令人兴奋！

再次启程之后，列车进入波兰，先是到达民主德国，然后经过柏林墙，驶入联邦德国。突然，列车上所有乘客被要求立即下车接受检查。

中国留学人员带的东西太多了，每个人随身携带了好几个大包。因为担心出国之后消费压力大，他们都带了很多卫生纸；半人高的手提包里塞满了瓷瓷实实的洗衣粉。钟南山是组长，上车时，他帮助每一个人把一个个大包摆放在列车的行李架上、卧铺下和所有能放行李的夹缝里。

车门一打开，高大凶猛的警犬就跳上来用鼻子到处嗅。德国人担心有乘客走私毒品海洛因，因而检查他们的行李。

当德国列车长和警探用狐疑的目光审视着钟南山他们时，这16名中国旅客焦灼地愣在原地，一时不知所措。德国人听不懂中国话，他们也没有一个人会德语。

距离火车启动只有几分钟了，只见洗衣粉被一包一包地撕开，撒了一地，情急之下，钟南山用并不流利的英语大声地说："Washing powder！"

"Washing powder？"德国警探的眼神如枪口一般，逼视着面前一脸诚恳的钟南山，并用食指沾了一点儿白色粉末，然后慎重地贴向嘴唇，皱着眉轻轻地摇了摇头，用肯定的语气重复了一遍"Washing powder"。

有惊无险地通过了检查后，钟南山一行人急忙把散落的洗衣粉往包里塞，再拖上车。

过了联邦德国，再到荷兰，随后他们便坐船横跨英吉利海峡，最后上了岸。

出发9天以后，他们终于抵达英国。

他们到了伦敦之后的第一件事，不是去见专家，而是到伦敦西部的伊林学院学习英语，时间大约是3个月。

伊林学院现名为伊令、哈默史密斯及西伦敦学院，于1843年建立，至今已有近180年的历史。建校一个多世纪以来，该学院培养了无数专家、学者和商界精英，他们在各个领域发挥着巨大的影响力。

当时钟南山一行人几乎没有英语基础，一起留学的、后来在中国医学科学院肿瘤医院工作的殷蔚伯，是搞放射治疗的，能多讲一点儿英语。他们一起学听、学讲、学表达。虽然他们在国内接受过英语强化培训，但初到英国时还是不行。

钟南山被安排住在一位英国老太太家，跟英国人一起住、一起吃，吃的是钟南山根本吃不惯的简单西餐。

平时，钟南山总是希望把自己的一些成功经验介绍给别人，以便让更多人走上通往成功的捷径。他多次提到，中国人不应该对英语感到畏惧，并且现身说法。当年刚到英国时，他听力不行，但学英语首先要听懂，才能和别人交流，所以听力是最关键的。因此，他每天晚上都花一个小时来听录音带，听完后，还把每一句话都写下来。有些句子实在听不懂，他就找来朋友或同事帮他翻译那些话。经过三个月的努力，他记了满满三大本笔记，下了如此的苦功，在听力上终于有了很大的进步。

后来，他把自己学习英语的经验写成了一篇文章，刊登在报纸上。

钟南山认为，在英语学习方面，中国人最大的问题就是不敢开口，不敢提问，也不敢交流。他就敢于开口，有勇气表达自己。比如每一次讨论病例时，他都把开口提问视为一次胜利，这样就慢慢地磨炼出来了。

十三　精彩演讲

钟南山一边学英语，一边设法与他的导师——爱丁堡大学皇家医院的大卫·弗兰里教授取得联系。弗兰里是英国著名的慢性病专家，钟南山与他素未谋面，但读过他的文章，非常敬仰他。

钟南山给弗兰里教授写了信，但是一个多月过去了，依然没有收到回信。

当钟南山终于收到导师的回复时，看到的只是一段简短的话："按照我们英国的法律，你们中国医生的资历是不被承认的。所以，你到医院进修不能单独诊病，只允许以观察者的身份，看看实验室或看看病房。根据这个情况，你想在我们这里进修两年时间，显然是太长了，最多只能8个月，超过这段时间对你不合适，对我们也不合适。你要赶快同英国文化委员会联系，考虑8个月之后到什么地方去……"

钟南山满腔的热情被泼了一盆冷水。弗兰里教授的态度很强硬，似乎一点商量的余地都没有。按照他们的看法，中国的医生到了英国，也就是参观而已。不仅如此，钟南山看出，弗兰里怀疑他的研究方法。

钟南山让自己的情绪平静下来，冷静地分析：弗兰里对中国不够了解，更看不懂他用中文所写的文章。所以，他不能灰心丧气。

反复考虑之后，钟南山决定亲自去会见导师。

1980年的元旦刚过，钟南山就乘火车从伦敦出发，前往爱丁堡。

爱丁堡大雪弥漫。在心情舒畅的人看来，这异国的雪花平添浪漫和激情，但是对钟南山来说，却只带来了寒冷和沉重。

在爱丁堡学习了一个多月的另一名中国留学生马健全到火车站来接他。虽然是初次相识，但马健全友好地把钟南山接到自己租住的房间。

第二天，他们就约见了弗兰里。

坐在正对面高背椅上的弗兰里并没有转过身来，光看到他的背影，钟南山领教到这个英国人的傲慢。弗兰里一直冷冰冰地背对着他们，忙于煮自己的咖啡，空气死一般沉寂。

"Doctor Zhong,"弗兰里开口了，但仍然没有转过身来，"你想干什么？"

钟南山愣了一下，接着讲了一番自己的设想。来访之前，他认真地将自己的请求打了腹稿。

弗兰里说："你先用一个月的时间看看病房，还有实验室，再思考一下想干什么吧。"弗兰里的言外之意是：你们不是来参观的吗？除了参观你还能干什么？

尽管谈话不多，但是睿智的弗兰里察觉到面前这位中国人的执着：他要达到自己在英国做研究的目的。于是他说了一句成全钟南山的话："你有一个中国来的朋友，你可以找找他。"

弗兰里说的，就是由世界卫生组织资助来进修的中国学者诸君龙。

七八分钟的会面，钟南山觉得自己从导师那里领到了一份见面礼。

英国专家虽然傲慢，但是在学问面前，绝无种族偏见。同年1月5日，弗兰里教授在教室里看见了钟南山，忽然若有所思，打量了一下后，问："你能不能讲一讲中国的医疗？"

"OK！"钟南山几乎如条件反射般一口答应下来，心中的郁闷仿佛也消散了许多。

然而随之而来的是重重的压力，他要在不到一个月的时间内准备妥当。都准备些什么呢？不要说博大精深的中医，就是西医，又从何讲起？更何况，凭自己的英语水平，他根本无法应对这样一场讲解，况且是面对五六十人。

他心里完全没有底，但有一股强烈的信念：一定要把中国医学的优势和实际情况介绍给他们！

他初步拟了一篇8000字的演讲稿，内容包括中国呼吸疾病的特点以及中医的治疗方法，还请当时住在同一宿舍的朱老师为他指正和修改。朱老师是复旦大学的英语系教师。他认真细致地改正了语法错误，但不无担忧地对钟南山说："你首先要写得好，这是对的，但是关键得让人家听得懂啊。"

于是钟南山用了一个笨办法，就是尽可能地把所有内容都背下来！他吃饭时背，睡觉前背，上厕所时也背，不肯错过一分一秒……

一个月以后，恰好是中国除夕前一天，钟南山的演讲即将开始。

这天下午，教室里座无虚席。

弗兰里教授向大家介绍："一名从中国来的医生，他叫钟南山，将为大家讲一讲中国的医疗。"

钟南山拿着自己制作的幻灯片和演讲稿，走上了讲台。他不由得紧张起来，手有些发抖。

钟南山从中国的传统医学讲起，讲到中医与西医在呼吸医学诊断方法上相通的地方，解释中医是如何观察病人舌象的。他说，当肺原性心脏病患者处于急性发作期，在没有对病人做动脉血气分析的情况下，可以借用中医的这一诊疗方法，即观察病人舌头的颜色，判断病人缺氧和酸碱平衡的情况。

之所以想到讲舌象，是因为不久前他参加过一个病例的讨论。

一位患肺源性心脏病的病人吃了几天利尿药以后，浮肿消退了，但是表现十分亢奋。钟南山给病人看了一下舌苔，是绛红色的，属于中医常说的阴虚火旺。在呼研所时，他遇到过很多这样的病人。他知道，这种情况的出现，可能是因为使用过多碱性利尿剂，导致酸碱平衡失调。他对负责病人的教授说："这个病人一定是有低钾血症，要补钾。"他进一步说明原理："因为病人用利尿剂太多，钾流失严重，所以出现代谢性碱中毒。"

英国同事觉得很奇怪：中国医生怎么会这么认为呢？

于是那位教授说："好吧，我们给他测一测动脉血气和血钾。"结果一测，情况果然如钟南山所说的那样。病人补了钾以后，情况就改善了。那位教授非常开心，说："看来，你这个中国医生还是有点见识的嘛。"同时他还对中国的医术产生了兴趣。

钟南山还向听众讲解了其他内容，比如更让英国医生为之一振的针刺麻醉。针刺麻醉是在继承和发展中医学的过程中所取得的一项新成就，是中国独有的医学瑰宝，在中国长期被运用于临床治疗。

由于先前钟南山日夜背诵演讲稿，所以对要讲的内容已烂熟于心。随着大家的注意力逐渐集中，他很快就放松下来，越讲越有信心，不知不觉，大半个钟头过去了。

演讲结束时，全场响起热烈的掌声。

在场的医生当即提出一些问题请钟南山解答。刚退休的老主任克罗夫顿教授是一位爵士，他主动走过来拍拍钟南山的肩膀，说："钟医生，你讲得很好，什么时候我请你到我家去谈谈呢？"

钟南山愉快地答应了。他心情喜悦，就像打了大胜仗一样：自己的辛苦没有白费！

在这次介绍中，呼研所做的研究全都派上了用场。

可是，钟南山为什么有胆量在专家面前谈自己的体会？

几天前，钟南山有机会去参观病房。他看了一下气管病室，有一位名叫沙特罗的医生，正在用纤维支气管镜为病人做检查，他问钟南山："你见过这个吗？"钟南山谦和地回答："我见过。"

沙特罗医生继续向钟南山介绍纤维支气管镜的好

处，完全是下意识地以为，钟南山根本就没有见过这玩意；而且，这位医生还介绍说他已经为400多个病人做过检查了，所以对这个工具已经很熟悉了，颇有自我赏识的意味。钟南山听后笑了笑，心里顿时有了底——到英国之前，他已经用纤维支气管镜做过1500例检查了，并且操作得非常熟练。

"他们以为我们是从原始森林来的。"一名来自巴西圣保罗的进修学生曾如此幽默地告诉钟南山，"所以他们以为我们什么都不懂。"

钟南山发表的精彩演讲，改变了英国同仁的看法，令他们深深折服。

十四　以身试验

自1980年1月到达爱丁堡大学皇家医院后,钟南山感受到,英国专家非常看重同行的能力,对有才能的人十分尊重。

皇家医院呼吸生物化学实验室有一台出了问题的血液气体张力平衡分析仪,已经闲置一年多了。医生们做实验当然就不用它了,但是钟南山做实验必须使用它。实验室主任沃克先生对这台仪器根本不再抱有什么幻想,正准备购置新的。

"我来试试。"钟南山对他说。

沃克听明白了:这位中国医生是想实现废物利用,既然如此,那就送给他一件"玩具"吧。

两年的进修时间匆匆而逝,一分一秒也不能等,要尽快有一台这样的仪器!钟南山心里这样想。然而经过维修之后,这台分析仪还需要检测,而检测是需要血液的。

钟南山就开始从自己的血管里抽出血来进行检测。一次20毫升、30毫升……他一边抽血，一边做检测，一共做了30多次，抽了800毫升！

终于成功了！这台分析仪的仪表盘像苏醒了一般，在钟南山眼前开始有序地运转。

"这可是节省了3000英镑啊！"沃克先生惊喜不已。站在一旁的摩根医生十分不解："钟医生在中国也修理过这种仪器吗？"

"哦，不，我是到皇家医院后才第一次看到这种仪器的！"钟南山如实回答。

摩根医生连连惊叹："不可思议！"

有了仪器是第一步，第二步是开始做实验。钟南山刚到这所医院就开始准备他的实验，那是一个极具挑战性的实验，是关于一氧化碳对人体血液中血红蛋白解离曲线的影响。

"OK！ Doctor Zhong，"弗兰里教授看过钟南山的实验设计后表示赞许，第一次握住了钟南山的手，"我们想到一块去了！我支持你！"

之后，许多烟民成了钟南山这个不吸烟者的朋友，有留学生，也有中餐店的老板。钟南山以这些烟民为自己的检测对象，分析不同浓度的烟对血红蛋白解离曲线的影响。但是，这样做以后，钟南山感到资料比较零散。

需要系统的观察才能提供足够的证据啊！怎么办？钟南山想到了一个最可靠的方法：用自己的身体来做实验。

在同事的帮助下，他一边吸入含有一氧化碳的空气，一边根据输入的情况不时地抽血检验……当人体血液中的一氧化碳浓度达到15%时，就相当于一个人连续吸了五六十支香烟！

"太危险了！快停止！"同事们惊叫。

钟南山根据自己的经验判断，这个浓度还未使曲线达到平段，于是他断然摇头："请继续进行！"

他继续吸入一氧化碳，直到血红蛋白中一氧化碳的浓度达到22%，此时他已头晕目眩。

实验最终取得了令人满意的结果。英国同行被深深地感动了。

后来，钟南山还受到邀请，在当年9月的全英医学研究会议上对这项实验进行报告。

中国人在慢性支气管炎方面的研究让英国同行耳目一新，中国人勇往直前，也令英国同行刮目相看。

5月的爱丁堡，空气格外清新。久违的舒心，让钟南山感到愉悦，连一向显得冰冷的实验室都给人一种亲切感。

这时，钟南山收到一封信，是弗兰里教授写给他的。信中写道："下周皇家空军代表和苏格兰医学理事会主席要来参观我们的实验室，这关系到我们能否争取到一笔可观的建筑实验大楼的财政费用。我想请你当天向他们做有关各种因素对血红蛋白解离曲线影响的报告……"

皇家医院给予一个外国学者如此的信任，是钟南山未曾预料到的。他的努力得到了回报，他的技术得到了认可，他那800毫升鲜血没有白流。

继钟南山在全英医学研究会议上对他的的研究作报告并获得肯定之后，10月，他又受邀前往奥地利首都维也纳参加欧洲免疫学会议。在那里，他结识了伦敦大学附属圣·巴弗勒姆医院的胸科主任戴维教授。戴维教授热情地请他前去圣·巴弗勒姆医院合作，并且商定共同进行哮喘疾病介质的研究，这让钟南山欣喜非常。

可是，在爱丁堡的日子，每一天，每一件事，从艰难的工作到拮据的生活，钟南山无不体会到艰辛。

转眼到了离别的时刻。再过两天，钟南山就要提前结束在爱丁堡的研究工作，应邀前去圣·巴弗勒姆医院进修。

弗兰里教授到美国出席学术会议去了，钟南山只能向他的夫人和孩子告别。

晚上，钟南山按约定8点准时到达教授家，门一打开，只见房间里高朋满座，苏格兰民歌的旋律在回响。见到弗兰里的夫人艾丽丝，钟南山连忙道歉："我不知道你们这么多人正在聚会，我见一下你就告辞。"艾丽丝忙拉着钟南山的手，笑着说："不，这是为你准备的派对，快进来！"只见餐桌上摆着香槟酒和丰盛的菜肴，周围已坐满了客人，呼吸科的、麻醉科的和放射科的医生、护士全来了。这是教授夫人专门为他办的送别酒会！她高高地举起酒杯，说："来吧，让我们在和钟医生握别之前，一起开心地喝一杯！"

大家是那样亲切、友好，脸上挂满了欢快的笑容。钟南山一时感动不已，向大家鞠躬："领情了！我这个中国医生希望大家有机会到我们中国。"他再次鞠躬："谢谢啦！"

他沐浴在温暖中，每一双道别的手都充满温暖。觥筹交错之间，人们纷纷拿出自己准备好的礼物送给钟南山。心脏科主任米修斯、计算机室主任布拉什把美丽的苏格兰挂毯送给钟南山；呼吸系副主任瑟特罗送给他妻子一条手链；教授夫人则为他的子女准备了书籍、玩具……这让他始料不及，有点手足无措：他能用什么回赠呢？

瑟特罗教授看出了钟南山的心思,说:"让我们为钟医生的成功干杯!"

16个月的朝夕相处,到了挥手作别的时刻,大家心里充满了依依不舍之情。

十五 挑战权威

皇家医院麻醉科的杜鲁门教授曾经请钟南山做一项模拟实验：对呼吸衰竭的病人，在给予人工呼吸的情况下，不断提高氧气的浓度，观察肺内分流的情况。他是让钟南山重复牛津大学雷德克里夫医院麻醉科主任克尔教授的一项研究。之前这项研究的结果显示，随着吸氧浓度越来越高，肺内的分流越来越大。

钟南山对监护中几个接受人工通气的病人重复了这个实验。最后，他发现，克尔教授的结论不能通过实验再次验证。

他又按照杜鲁门的建议，反复做了几次，还是无法证明克尔教授的结论。钟南山就觉得那个结论可能是不正确的。

杜鲁门教授问钟南山："为什么觉得不正确？"他解释说，他观察了氧电极，当氧的浓度增加到70%以上时，氧电极测出的数字存在误差，必须进行校正，再计算肺内的浓度分流。钟南山连续的实验最终都表明：随着氧浓度增高，进入肺内的分流是不变或者是下降的，并不像克尔教授所说的那样，吸氧浓度越高，分流也就越大。

杜鲁门非常看好钟南山的这一实验结果，说："好吧，那你就把自己的这个发现写成文章，投一篇稿吧，投到麻醉学会去。"

麻醉学会很快就采用了他的报告。

1981年的全英麻醉学术研究会议是在剑桥大学召开的。会议让有学识的医生有机会展示自己的课题，而到会的人员都是英国麻醉医学领域的权威。根据会议安排，钟南山是第一个发言的人。

钟南山心里很清楚，他的这次发言，是对权威发起的一次挑战，一定会有很多争议。幸运的是，他的勇气正好与英国人客观、公正、尊重事实的学风相契合。

他首先展示克尔教授的主要论点，然后以自己的实验结果为依据，有理有据地对克尔教授的研究结果提出质疑，最后又展示自己在校正相关数据后所描绘的曲线，进一步证明克尔教授的结论是错误的。

钟南山提出的观点，竟然与一向被视为权威的克尔教授的完全相反，在场的英国专家不约而同地把目光投向讲台上的这位中国医生。

钟南山报告完自己的实验结果后,在场的人士,包括克尔教授的助手,对他提出了 12 个问题。其中 11 个是钟南山事先估计到的。最后,英国麻醉学会主席勒恩教授站起来,说:"我们也做过类似的实验,我们觉得钟医生的做法是对的。"这位老专家说完之后,向坐在最前排的麻醉学会的委员们大声问:"你们觉得怎么样?"全体与会人员纷纷举起了赞同的手,认为钟南山的结论"是可以接受的"。

1983 年,钟南山的这篇论文在《英国麻醉学杂志》上发表,全文共 13 页。

那天晚上,他和杜鲁门教授在剑桥大学的小河上一边划船,一边喝啤酒,庆贺了一番。

2009 年,钟南山应爱丁堡大学医学院的邀请,重游阔别多年的故地,见到了已经年迈的杜鲁门教授。杜鲁门紧紧地拥抱了他当年的学生兼老朋友钟南山。两位老人谈起这件往事,真是特别开心。

在英国留学的两年间,钟南山取得了呼吸系统疾病研究的六项重要成果,完成了七篇学术论文,其中有四篇分别在英国医学研究学会、麻醉学会及糖尿病学会的杂志上发表;英国伦敦大学附属圣·巴弗勒姆学院和墨西哥国际变态反应学会分别授予钟南山"荣誉学者"和

"荣誉会员"的称号。

天道酬勤，钟南山付出了非凡的努力，也有了意想不到的收获。

十六 学成归来

1981年11月18日,钟南山结束在英国两年零一个月的进修,即将从伦敦飞回祖国。这时,他刚刚度过了45岁的生日。

钟南山深情地谢绝了弗兰里教授和爱丁堡大学的挽留。曾让钟南山失望的弗兰里教授,在短短两年之后,就对他赞叹不已,视他为难得的合作伙伴和值得信赖的朋友。

美丽的爱丁堡满含挽留之意,习习和风诉说着惜别之情。

可是,此时钟南山迫切地要回到自己的祖国,把自己的成绩告诉祖国母亲!

归国的行囊装满了沉甸甸的感慨。这时,中国驻英大使馆交给钟南山一封信,那是导师弗兰里教授写来的。

虽然文字像当初那封信一样十分简短,但是内容却完全不同。弗兰里这样写道："在我的学术生涯中，曾经与许多国家的学者合作过，但我坦率地说，从未遇见过一位学者，像钟医生这样勤奋，合作得这样好、这样卓有成效。"

这一番话语让钟南山不禁眼含热泪。进修期间的酸甜苦辣一下子涌上心头。想到自己到底还是能够做一点事情给他们看，他便感到欣慰、庆幸和自豪。

弗兰里是一个富于探索精神、注重实际的英国学者，他的风范永远铭刻在钟南山的心中，也深深地影响了他此后的医学人生。

临回国之前，弗兰里教授做了一个实验，有了可喜的结果，这对钟南山来说是一次极好的学习机会。

弗兰里的实验是对患有低氧血症的重症慢性阻塞性肺病患者进行家庭氧疗：给病人每天8个小时的吸氧，观察是否可以提高病人的生活质量，或者是存活率。就是这样一个实验，英国医学委员会给弗兰里5年时间来进行。

弗兰里把病人分为两组，一组病人晚上吸氧，另一组病人不吸氧。实验开始后第一年、第二年、第三年，两组病人的病死率是一样的，没有差别。当时就有人提出中止实验，认为没有意义，是白白浪费时间，但是弗兰里执意继续："我们要做够5年。"

没想到从第四年开始，再往下进行，差距逐渐显现。

最后，到了第五年，这两组病人的存活率有了明显的差别：接受吸氧疗法的病人，有60%存活；不吸氧的只有30%存活。结果证明，夜间吸氧治疗能够提高这一类病人的生活质量和存活率。

后来，这个实验的报告发表在英国最权威的医学杂志《柳叶刀》上。

这么一个小问题，弗兰里研究了5年，这体现了一种科学态度，也说明了坚持是多么重要。

钟南山认为，在英国的学习给他最好的教育是实事求是。爱丁堡大学教给他最重要的两样东西，一是如果第一步还没有走好，绝不走第二步，即使是再小的事，也要如此对待；二是不要认为权威的话就是对的，一定要相信自己所看见的事实。

后来他做任何研究工作，都采取这样的态度。他说："这样做事，看起来慢，实际上是快。"

实事求是做事，扎扎实实搞科研，这正是一名真正的科学工作者的写照。

两年的留学经历只是他人生中的一个片段，但是他所受到的教育却影响了他的一生。

从爱丁堡到北京，再到广州，一路伴随钟南山的是几大包医学参考书籍，那是他视作比金子还要珍贵的东西。

归国后，父亲竟然表扬了他，让钟南山激动不已。在他的记忆中，这可是四十五年来第一次。当年他考上北京医学院，父亲也只是表示祝贺而已，而这一次，父亲郑重地赞扬他："你终于用行动让外国人明白了，中国人不是一无是处的。"

多年以后，每当钟南山谈起赴英进修的往事，都会自然而然地说："有一天你们也会走向世界，但是请你们记住，科学没有国界，但科学家却有国界。"

其实，当时钟南山完全有机会留在国外，但他知道，爱祖国、爱人民，不只是口号，更要有具体的行动。钟南山像一棵屹立在山巅的松柏，深深扎根在祖国的土壤里，任凭风吹雨打、电闪雷鸣，他那一颗火热的赤子之心也毫不动摇。

十七　重大发现

回国后，钟南山在医学领域取得了一系列重要的成果。其中最具影响力的是他20世纪80年代末在国际上首次提出的"隐匿性哮喘"概念。

隐匿性哮喘，又叫无症状哮喘，指的是在哮喘没有发作的情况下，也可以认定症状。这对呼吸医学来说是一个革命性的观点。此前，国际上通行的医学判断是，哮喘患者一定是有症状的。钟南山则发现，没有症状的患者也可能发展为有症状的哮喘。

钟南山能够发现隐匿性哮喘，主要是因为解决了一个技术上的问题。

过去，医生为病人做哮喘气道高反应表现的症状检查时，要用支气管激发试验来进行。支气管激发试验需要很复杂的技术，一套仪器要五六千美元。在那个年代，如此高昂的费用，无论是医院还是患者都难以承受，因此很多患者得不到及时的诊断、治疗。

1984年，钟南山把这个技术简化成一个简单的支气管激发试验测定仪器，一个体积很小的装置：他用几个自制的玻璃瓶进行雾化，里面装了不同浓度的激发剂，为病人做检查时，只需让病人使用峰流速仪进行最大峰流速测定，检测有没有气道高反应性，从而判断这个病人是否患有哮喘，因为气道高反应性是哮喘的重要标志。

价格昂贵的诊疗仪器简化为一个小小的峰流速仪，体现了钟南山一贯坚持的传统医学思想：简单、方便、低廉、实用。

这个简便而有效的仪器于1986年正式制作完成，使钟南山能够在广大的基层进行支气管激发试验，因而可以尽早发现一些没有哮喘症状、但有气道高反应性的病人。这对钟南山来说是一种莫大的鼓舞。

后来，他还对有气道高反应性的年轻学生进行了为期两年的追踪调查，发现其中有20%的人在两年以后发展为哮喘。这些病人最初都没有哮喘症状，只是有气道高反应性。1992年，钟南山把这项研究的结果写成一篇论文，题为《没有症状的气道高反应性是否隐匿性哮喘的指标？》，发表在美国著名的胸科杂志上。

尽管如此，当时隐匿性哮喘并没有得到很多人的重视。直到1997年，一位加拿大学者对这一概念进行了研究，并将结果发表在英国《胸腔》杂志上。他指出，无哮喘症状的气道高反应性患者更容易发展为有症状的哮喘。这个观点证实了钟南山的看法。

2008年，世界医学权威杂志《柳叶刀》上的一篇论文引用了钟南山关于"存在隐匿性哮喘人群"的观点，又综合了那位加拿大学者的研究发现，得出结果：14%~58%的无症状气道高反应性患者可以发展为哮喘。至此，隐匿性哮喘这一概念得到世界的认可。

一个造福于人类的医学结论，5年后得到别人的支持，16年后才被公认！经过时日漫长的等待，隐匿性哮喘概念终于可以在世界范围内普及，让更多带有类似情况的患者可以得到及时的治疗。在钟南山早期的医学工作中，这一项发现是他最重要的一个贡献，其可贵之处就在于对人类疾病的及早发现和预防。

直到现在，钟南山的这一贡献仍被应用于中国乃至世界的呼吸医学研究和呼吸系统疾病诊疗。

十八　当选院士

1995年,广州市人事局三次动员钟南山,希望他能申报中国工程院院士。钟南山真诚地说,自己距离得太远了,根本不够格。

就在前一年,钟南山申报过一次院士,但没有通过,不过他本来就没抱什么希望,只是顺其自然。

那个时候钟南山已经取得了许多骄人的成绩,1985年起他就被聘为联合国世界卫生组织医学顾问。但是对于参选院士,他压根儿没有考虑,因为他始终觉得自己还没有达到那个水平。

但是,申报表还是要填的,这是组织的安排。

钟南山认为,选上院士的人都是年事已高、有很多成就的,而他自己只拿过一个国家科技进步奖三等奖,当选院士根本是不可能的事。可让他没想到的是,这一次,他高票当选了!

当时正好有这么一个政策:当选中国工程院院士的

人当中必须有三分之一是60岁以下的人。后来，钟南山还开玩笑说："我就占了这个便宜，是59岁，年龄正好在60岁以下。"

其实，要成为中国工程院院士，是要经过极其严格的考查和筛选的。钟南山能高票当选，说明他在各个方面都充分得到了评委会的认可。

钟南山虽然得奖不多，但是他在国外发表的几篇论文，所阐述的观点和论点都具有创新性，得到了国际同行的认可。他提出的隐匿性哮喘就是一个具有代表性的例子。

此外，他还首次证实中国的早、中期慢性阻塞性肺病病人中，有六成人患有蛋白质—能量营养不良症，并研制出适合中国慢阻肺病人的营养素"优特力生"；他在医疗上将各类型呼吸衰竭的抢救成功率提高到85%以上。由于这些成果，1993年他被选为中国代表参加世界卫生组织召开的国际会议，商讨撰写《哮喘防治全球战略》。这样的事在当时是少见的，在业内是有轰动效应的。

最重要的一点是，从1985年开始钟南山就担任中央领导的保健医生，所以他的医疗技术绝对是过硬的。

这些都是钟南山实实在在的资历和水平。

不过，还有一点不可忽视，就是作为学者兼医生的钟南山人品好、口碑好。

中国工程院院士侯云德当时是院士评选组的组长。有一天，他打电话到广州医学院问："钟南山这个人怎么样？他的学术还有人品怎么样？"侯云德分别找了广州医学院的两位老教授，他们平时在学校里讲话都是不留情、很直接的。

结果其中一位教授回答说："你问我这个钟南山，我觉得他不错啊。工作不错，对我们这些老教授也是不错的。"侯云德就更认定钟南山这个"年轻人"了。

《羊城晚报》曾经有一个经常写评论的老报人，名字叫微音，写过几篇关于钟南山的评述文章，赞扬他视患者如亲人的高尚医德。另外，《羊城晚报》有一位叫王华基的记者，也曾报道过钟南山。王华基的那篇文章题为《争气篇》，主要写了当年钟南山赴英国进修时的经历，讲述了他在英国的拼搏。当时，中国足球队本来有希望争得1982年世界杯决赛资格，后来却在预赛中输给了新西兰，全国人民都非常沮丧。王华基写这一篇报道要向大众传达的意思是，中国足球队虽然输了，但是中国人还是很争气的，比如钟南山。这篇文章在当时引起了很大的反响。

钟南山于1996年当选中国工程院院士，广州医学院为钟南山举行了隆重的庆祝会。大家请钟南山发言，他并没有说自己如何欣喜或者自豪，而是讲了一个观点："我们的学校很小，水平也不高，是一个不起眼的地方院校，但是我们这么小的学校也可以出院士。"

钟南山想说明的是，作为一个学校，要承认自己落后，但最重要的是不甘落后，有了这一条，哪怕局面再小，也能干出大事业。

"人最重要的是承认落后，因为承认落后并不是坏事，是为了不甘落后。不要以为自己的条件差就不行，要自己创造条件。"钟南山这样说道。

在他的一生里，这也许是一直占据中心的主导思想。

十九 "非典"袭来

2002年12月15日下午。

一名叫黄杏初的男子被送到广东省河源市人民医院内科病区，值班医生叶钧强诊断其症状为高热、咳嗽、呼吸困难。

两天后，医院再次接收了一位症状相同的患者郭仕程。这两个病人都是在外地患病后返回到河源老家的。

在用了各种退热方法及抗生素治疗后，两名患者的病情始终不见起色。

情况紧急！叶钧强亲自把黄杏初送往广州军区广州总医院（现更名为中国人民解放军南部战区总医院）。12月22日，他又把郭仕程送往广州呼吸疾病研究所。

很快，叶钧强这位最初接触病人的医生与河源市人民医院的其他6名医护人员，出现了与患者相类似的症状。

郭仕程转到呼研所时情况"特殊"，他不仅持续高热、干咳，而且肺部经 X 光透视呈现出"白肺"：双肺部炎症呈弥漫性渗出，阴影占据了整个肺部。

不寻常！

2003 年 1 月，当医生们意识到"敌人"来势汹汹，对病人使用大剂量抗生素仍救治无效时，处于一线的专家及医护人员经历的不仅是对意志的考验，更有对治疗方案不明的煎熬……

身为中国工程院院士，身为广州呼吸疾病研究所所长，钟南山此时深感责任重大与不安：病人到底得的是什么病？用什么办法挽救病人？

答案还无从得知。

钟南山和他的助手肖正伦、陈荣昌等人做出这样的判断：这种肺病的毒性闻所未闻，不仅来势凶猛，而且难以治疗。

直觉告诉钟南山，这个肺病的毒性异常厉害，它阴森森地扑面而来，让人如同身着单衫伫立严寒。

在医生们为这些非同寻常的病例寻找救治方案之时，广东省内接连出现相同的病例。顺德发生同样的疫情。在中山，截至 1 月 20 日，共发现 28 例此类病人。

1 月 21 日晚上，钟南山赶到中山，与广东省卫生厅派出的专家组一起，对这些病人进行会诊和抢救。第二天，专家们起草了一份《中山市不明原因肺炎调查报告》，第一次将多日以来触动人们神经的"怪病"命名为"非典型肺炎"，简称"非典"。

随后，广东省内各地都出现了疫情，而且有同样症状的病人陆续被送到呼研所和广州市内各大医院，他们的病情发展十分迅猛。

由于当时对疾病认识不清楚，防护不充分，自2002年12月下旬，医护人员接连受到感染。此时，对重症疾病的治疗也成了棘手的问题。是继续用抗生素，还是改用皮质激素？呼研所内部有了争议。

皮质激素会破坏人体自身的免疫力，从学术角度来看，很多人都反对使用。但是，如果不及时采用激素治疗，病人的症状会进一步加重，缺氧情况将更严重……

随着争论的扩大，救治方案一时难以统一。

对医生来说，迫在眉睫的任务是挽救病人的生命，他们急需一个可以遵循的主流声音。这个时候，每天奋战在一线的钟南山，以自己的威信影响了一个群体。

尽管如此，在最初的治疗过程中，还是暂时保留了使用皮质激素和使用抗生素这两种治疗方案。这种情况持续了一个月。广州医科大学附属第一医院、呼研所和广东所有医学专家，在摸索了一个月之后，对疾病的规律有了一些认识，包括如何防御、如何治疗。但是，"非典"的真实面貌，还远远未能看清。

"怪病"一词随着2003年初的寒风，在民间越传越烈。

2003年元旦刚过，春节的气氛渐浓，因为这年1月31日就是除夕了。

一部分人把"怪病"的消息传得离谱，另一些人则满不在乎——每到春季，广东就免不了有疾病流行，特别是普通的流感，人们早已习以为常。

当时报纸上也只是说：今年春节要特别注意"流感"。

不多日，珠江三角洲一带的病人越来越多，病情控制不住，明显出现家庭聚集性和医院聚集性传染，中山大学附属第二医院、广州市第八人民医院、广州市胸科医院等收治的病人越来越多。

大年初一，中山大学附属第三医院传染病科的医护人员开始面对先后传染了一个又一个医护人员的"超级传播者"。当时病人呼吸困难，命悬一线。在对病人进行气管插管、以呼吸机辅助呼吸治疗时，病人的剧烈咳嗽使大量带着血的痰液，经由插管喷向天花板，在场的医护人员从头到脚都受到了污染。

然而，面对来势汹汹的疫情，众多医护人员没有半点儿畏怯，始终坚守岗位，进行了一场又一场惊心动魄的抢救，他们勇往直前的精神感动了每一个人。

"非典"的传染性极强。广东有位医学教授,一直在收治"非典"病人的医院工作。1月因朋友的孩子在香港结婚,他便前往参加婚礼。当时连他本人都不知道自己身上已经潜伏了"非典"病毒,是潜在的感染者。到了酒店后,他接触了前来参加婚礼的宾客以及其他人,最后这些人又分别到了不同的国家和地区。如此一趟旅行,便像蜜蜂采蜜一样,将病毒散发了出去。

在医院内部,为了严防院内交叉感染,每一张病床前都紧急安装了用于通风的换气扇,天冷时也打开。没有暖气,还开着电扇,2003年初的广州竟有点北国之冬的感觉。

到了2月底,世界卫生组织将"非典"命名为"SARS",即严重急性呼吸道综合征,这是一种严重的急性呼吸道传染疾病。

在钟南山的指挥下,呼研所逐步摸索出一套有效的治疗方案,不仅提高了危重病人的抢救成功率,降低了死亡率,而且明显缩短了治疗时间。这套方案后来被多家医院采用,成为通用的救治方案。同时,在钟南山的主持下,《广东省非典型肺炎病例临床诊断标准》也很快出台。

二十　铁汉倒下

2003年1月下旬。

年近67岁的钟南山，早年是运动员，之后一直坚持体育锻炼，从没有间断过，身体素质非常好。无论多么劳累，他一觉醒来，就能恢复体力。

但是此时，他第一次感到异常疲惫，心力交瘁。过去的38个小时，犹如用刀子刻下一样，其间，他几地奔波，面临着体力和精力的双重考验。

钟南山先去上海参加一个与目前这个特殊传染病有关的会议。到上海后，他从早上7点开始便投入紧张的工作。但他没有想到，当天很快就接到广东省卫生厅的通知，让他马上回广州。他不得不放下会议的安排，赶回广州，到达以后已经是晚上9点。参加完广州的会议后，他又匆匆启程，在第二天早上9点赶到香港，找到他的两个学生——管轶和郑伯健，了解他们所掌握的关于病原体的情况。随后，钟南山又同他们一起赶回广州，向有关部门做汇报，接着又参加了下午专门召开的疫情防控会议，还就如何进行疫情防控做了一个学术报告。

整整38个小时！

而在此之前，他已经为抢救"非典"病人奋战了一个多月了。

在经历三十几个小时的奔波劳碌后，钟南山感觉自己的双腿从来没有这么沉重过，好像灌满了铅，难以挪动步子，不再是那个健步如飞的自己了。

他终于回到了自己的家。家里有常年为他忧心的爱人，还有他的孩子们，而他们在过去38小时都不清楚钟南山的下落。

第二天上午，钟南山病倒了。他发起了高烧，接着开始咳嗽。他马上拍了X光片，发现左肺出现了炎症。

2003年1月28日，钟南山停止工作，必须马上住院治疗。

住进自己所在的医院是最理想的，这样不但能接受专业的治疗，还可以得到很多老战友、老部下的悉心照顾。但是，钟南山不想这样。在这种时候，他不能只想着自己，尤其是不能躺在自己工作的呼研所，那样将会对整个抗击"非典"工作带来不好的影响，大家的士气也会因此受挫，不利于救治病人。

"应该尽量找个僻静的地方。"钟南山的思路十分清晰。

最后,他拨通了儿子的电话:"爸爸要回家去养病。"

1月29日,钟南山带着病走进家门,爱人李少芬最直接的反应,不是担心自己会被传染,而是对丈夫又怜又惜又疼,但不敢多说半句,怕增加他的精神负担。

她的眼神明净而温暖,如同没有发生任何事情,像平常一样对丈夫轻声细语。钟南山的心一下子平静下来。李少芬悉心安排丈夫在家养病的生活,把他的一切都照料好。

钟南山平时的忙碌是常人难以想象的。除了睡觉,他一刻也不能清闲,几乎很难有机会静下来想一下自己。

此时,他躺在自家的床榻上,苦闷如乌云翻滚笼罩心头,一时不知该如何排遣……

尽管心情不好,但让钟南山感到欣慰的是,他觉得自己的病不太像"非典"——他只是感觉身体非常虚弱。

钟南山是以疑似"非典"病人的身份回家的,但是李少芬没有把他当作一个传染病人,没有嫌弃或者躲避。自钟南山回家后,她再也没有让丈夫出门。除了一些不得不见的人员,还有每天来给他打针的护士,她不让别人来看望，也不让钟南山接电话，以保证他能安静地养病。

妻子为他所做的一切，钟南山都看在眼里，记在心里。在他最需要支持的时候，妻子一直陪在身边，照顾他、疼爱他，感动在他的心中静静泛起。

在家里输了五天液之后，他决定去复查一下。查看胸片后，他惊喜不已：肺炎的阴影没有了！而治疗所用的药，全是普通的抗生素。钟南山心中有底了：他的病不是"非典"。

复查的结果让李少芬一颗悬着的心终于放下了，但钟南山当时还很虚弱，手里拿不住东西，她就让他又休息了三天，最后才很不情愿地同意他去上班。

经历了一场大病，钟南山觉得非常疲惫，就像搬着一座大山。但他还是拖着乏力的身子向呼研所走去，因为那里是"战场"。他的心牵挂着呼研所，担忧病人的安危，更担忧疫情蔓延的凶猛势头。几乎每时每刻，他都在想怎样找到控制疫情的办法。

走进办公区的楼道，他尽量让自己显得不像"大病了一场"。他习惯性地用手向脑后梳理一下头发，表现得像平时一样，步伐有力，面带笑容。知情的部下见了他，既惊又喜，都克制着眼泪。

8天后出现在同事面前的钟南山，整整瘦了一圈，他们从来没有见过他如此憔悴，但是他脸上的神情却显得很有力量。绝大多数医务人员不知道他得了肺炎，只知道他身体不太舒服，所以没来上班。

所长来上班了！呼研所所有医务人员的心安稳了。钟南山又开始了他繁忙的工作。

可是，钟南山手上拿着的东西还是会往下掉，而他自己却没有察觉。同事们对此惊讶不已：所长的身体竟然虚弱到如此地步！这个样子，怎么能工作？何况还要进"非典"病人的病房！

钟南山低沉、和蔼却不容分说的语气是他们所熟悉的，根本没有劝说的余地。白大褂、口罩、帽子……他们帮助钟南山一件一件地往身上穿，就像穿戴在一副根本不用担心摇晃的铁架上。

穿上防护服之后，钟南山和其他医生一模一样。他的战友能分辨出他，期待着他的病人也能分辨得出。一位病人这样说过："我知道，那是他，尽管我非常难受，意识模糊。因为我的心，在他面前，踏实下来了。"

2003年2月11日，为了安抚大众的情绪，钟南山受命在广东省卫生厅召开的记者见面会上，面对媒体，讲解"非典"的发生和病人的发病情况。这次露面，为了国家，为了人民，钟南山讲出了自己必须负责任的一句话。

他以院士的声誉向大家保证:"非典"并不可怕,可防、可治。

多年以后,钟南山家里搞卫生时,协助打扫的阿姨看见客厅门的木框上有一颗已生锈的钉子,准备拿钳子把它拔掉。李少芬说:"这就是十一年前给钟南山打吊针时挂瓶用的钉子,留下做一个纪念吧。"

二十一 双刃利剑

2003年1月下旬,呼研所的吴华医生被"非典"病人感染,和她一起病倒的,还有一名非常有才干的男医生。

"战役"才刚开始,两名"大将"已经倒下,大病初愈的钟南山心中又急又痛,不禁流下了眼泪。他所领导的呼研所面临着前所未有的挑战,更严峻的问题是,这场"战役"到底要打多大、打多久?

在抗击"非典"的整个过程中,广东之所以能够夺取最后的胜利,有两大"利器"发挥了决定性的作用。其一是"无创通气"方法。

将输氧管慢慢送进危急病人的肺里,是临床上常规的救治方式。因为生理反应,病人会剧烈咳嗽,血痰将直接从肺部喷出,毒性很强,威胁着在场医护人员的健康。

为了攻克这一难题,钟南山与肖正伦、陈荣昌、黎毅敏等专家研究出"无创通气"的方法：当病人明显缺氧的时候，首先不借助插管或切开气管来通气，而是采用无创的鼻部面罩通气法，增加病人的氧气吸入量，同时在早期避免肺泡萎陷及硬变，为病人的救治赢得更多机会。事实证明，这个方法十分有效，它帮助很多生命危急的病人渡过了难关。

第二件"利器"是皮质激素。钟南山始终叮嘱医务人员根据病人的病情，在适当的时间合理地使用皮质激素。

当大剂量、高倍数的抗生素在临床上被宣布对"非典"无效，钟南山和广东省所有医学专家遇到了空前的难题。

这不是一般的感染，不是一般的肺炎，病例每天都在攀升。此时，钟南山和与他意见一致的专家提出用皮质激素控制病情，保护病人。

激素所起的作用是减轻肺损伤。由于"非典"造成的损伤首先是一个异常的肺部发炎过程，使用激素是为了减轻这种免疫炎症，减少肺损伤。但皮质激素的过量使用容易引起继发感染和骨代谢损害，所以钟南山主张在使用皮质激素时，要选择适当的病人、适当的时间、适当的剂量，才能收到良好的效果。

当时，很多病人一经发现，就已处于危重状态，肺组织变硬，不能自主呼吸，需要医生立即通气。在使用气管插管进行人工通气时，随着病变，病人的肺部会继续发展为纤维化，低氧血症会进一步恶化。但是，在科学使用皮质激素之后，病人肺部的损伤会被抑制；再经过自身的免疫调节和辅助性的治疗，病人的肺部就可以逐渐恢复正常。

在病人出现高热和肺部炎症加剧时，适当给予皮质激素；而出现继发细菌感染时，又有针对性地使用抗生素。这样一来，危重病人的抢救成功率达到了87%，死亡率降低，治疗时间也明显缩短。

采用"无创通气"方法和科学使用皮质激素这两项措施，在2003年3月9日，由广东省卫生厅以《广东省医院收治非典型肺炎病人工作指引》的文件形式下发到各地市与省直、部属医疗单位。这是钟南山以及广东专家组对抗击"非典"作出的重要贡献。

可是，皮质激素可谓一把双刃剑——过量使用会导致股骨头坏死。在这种情况下，病人也许保住了性命，但余生就要在轮椅上度过。

由于皮质激素的这个副作用，在大剂量的抗生素对"非典"不起作用，钟南山坚持科学使用皮质激素来控制"非典"病人的病情的时候，质疑的声音源源不断。

然而，钟南山的好搭档吴华用自己带病的身体检验了以皮质激素控制"非典"的成功，也为钟南山的意见提供了最好的支持。

吴华被感染后的症状是突发高烧，但是，这高烧上午发起来，下午又突然退了。她觉得非常奇怪，便拍了X光片，结果显示肺部没有异常，她就又继续工作。第二天，她突然高烧到39℃、40℃，到了第三天就支撑不住了。这时她才觉得自己可能被传染了。

第四天，吴华开始住院。她立即被注射了大剂量的抗生素，但是无济于事，高烧照样不退。这就说明，以往常规的抗生素治疗无效。

这时，吴华自己要求使用皮质激素，但没有得到批准，为她治疗的医生坚持继续使用抗生素。可是那时她特别难受，基本上一个星期都没有吃东西，一点力气都没有。

在除夕这一天，吴华终于得到了许可，上午用了皮质激素，到了下午她就感觉舒服了，不再那么憋气了，还能跟着春晚的电视节目唱歌。

医生见她用了皮质激素后效果不错，就放心了，便继续使用。当时她的肺还没有受到严重感染。

大年初一下午，吴华觉得自己没有什么问题了；初二上午，她拍了片，肺部果然没有了阴影，她便回家过年了。

但是到了初四,吴华的病情又开始升级了,而且发展得很快。晚上 11 点左右,她感觉呼吸困难,医生决定给她上面罩呼吸机。

这时,一直为她忧心的钟南山打电话来询问情况。

在春节以前,钟南山一直忙于制定"非典"疫情的对策,参与各种关于疫情控制的会议,还参加专家会诊,巡查病房,抢救病人,呼吁尽快调拨抗击"非典"的物资……他几乎每天都睡不安稳。

钟南山来查房时,吴华见他熬得双眼通红,但仍然俯下身子,仔细给病人做检查。

上了三天呼吸机之后,吴华的病情再次有了好转。

她深知皮质激素的副作用,但她毕竟是个医生,在激素的应用方面有自己的经验。

一开始吴华用的是 40 毫克的剂量,一天一次,后来增加到一天两次,而这个增量帮助她有效地控制住了病情。用了两天半后,她在随后一周左右时间把用量逐渐往下减。之后,她改为口服,一开始每天吃 4 片,三天后就改成了 3 片。

虽然使用皮质激素后,她的尿糖偏高,但那只是表面现象,等她减少皮质激素的使用量时,尿糖也逐渐降了下来。

钟南山一直问她吃了多少激素,一方面是关心她,另一方面是在观察和总结，因为当时有很多病人在使用皮质激素。吴华不敢骗他，向他坦承自己的服用量，表示自己感觉良好。

后来吴华的确恢复得很好，她顶着被二次感染的风险，又奔赴抗疫前线。可这一回，她有了经验，她的亲身经历为病人带来了福音。

在广东地区，使用皮质激素治疗"非典"患者收到了很好的效果，在被救治的病人中，出现股骨头坏死的仅占2.6%，在全世界是最低的。这毫无疑问是严格控制了激素用量的结果，也验证了当初钟南山的观点。

压力把钟南山推向绝境，但他从那里带回了曙光。因为人们信任他、依赖他，他需要把能量发挥到极致！

在"非典"时期，钟南山默默沉思时的样子，给吴华留下了深刻的印象——

他双手叉腰，微微弓着身子，沉默不语；有时摘下眼镜，用拇指和食指掐住眉心，仿佛把周身的血液和神经都凝聚在一起，旁人叫他，他都没有反应，不知道有人在叫他。

二十二　直面患者

在没有确定"非典"的病原体之前，钟南山在给"非典"病人做检查时，都是"啊——"的一声张开嘴巴，为病人示范张大口腔的动作，接着没有戴上口罩就检查他们每一个人的口腔。

要知道，"非典"病毒能通过飞沫传染，当你近距离接触张开嘴巴的病人时，十有八九会被传染。因此，钟南山这样做十分冒险。后来，钟南山那句"我查看过每一个病人的口腔"广为流传。

最初他就是这样裸露着脸查看病人的，到后来就越来越谨慎了。

其实"非典"刚开始肆虐的时候，因为没有想到这突如其来的病毒会这么厉害，医务人员都没做什么防护措施，但当时已经有很多病人在咳嗽了。

从最初两三周对病人感染情况的观察，钟南山发现了这些病人的特点：一个是他们工作或生活在很密集的地方，另一个是他们实际上也是被咳嗽的飞沫感染的。

因此，在说到自己为什么没有被感染时，他的解释是，一般他在检查时，会让病人暂时忍着不要咳嗽，所以没有受到感染。

钟南山的同事则认为，他没有及时戴上口罩，让他无形中亲身对"非典"病毒的传染性做了一次测量，真可谓艺高人胆大！

他就是如此直接地深入最实际的情况中去获取宝贵的一手资料的。

"非典"过去多年之后，仍然有很多人心存疑问：为什么钟南山胆子这么大？

钟南山坦承，他之所以后来才戴口罩，不全是因为不害怕被传染，还因为觉得自己应该带头不怕才行。

除此之外，他的问诊方法融入了中医的学问。钟南山曾经非常用功地自学过中医，所以对中医有所了解。在为患者看病时，除了习惯用听诊器听诊、观察病人的手指或舌象，他还重视"触诊"——用手触摸病人的肩、下颌、胳膊、脖子，捏病人手臂上的肌肉、腿和脚。这些诊断方法都让人联想到中医的"望、闻、问、切"。他认为，这些能让病人感知到的检查方式，不仅能为最终的诊断提供参考，更能给病人心理上的安慰，让他们觉得自己真正得到了关心。

而不戴口罩，他便可以拉近自己与病人之间的距离，消除交流障碍，这样有利于他总结病情，获得一线上最真实的情况。

的确，钟南山准确掌握了每一个"非典"病人咽喉部的症状。

一般的肺部感染，常常先伴有咽喉红肿的症状，但是通过直接的观察，钟南山发现"非典"病人的咽喉部并没有明显的异常情况。不过，要想证实这个观点，必须观察很多病人。当时所有的病人，包括确诊的和没有确诊的，钟南山都去看了，最后得出了一个结论："非典"病人的特点之一是咽喉部没有症状。

2003年5月，钟南山应邀前往西雅图参加全美胸肺学会的年度国际学术研讨会，发表了主题为"'非典'在中国"的演讲。面对来自世界各地的2000多名专家学者，钟南山以清晰、洪亮的声音做报告，运用了自抗击"非典"以来渐渐积累的宝贵经验和资料，讲述了"非典"在中国的情况，也描述了他直面患者时的真实所见，会场上来自美国的临床医生听得特别认真。他的发言获得了在场众多来自不同国家和地区的权威人士的高度赞许。在随后的记者招待会上，钟南山自信又自如地回答了外国记者的提问，让外国媒体不仅对这他位中国专家有了亲切感，而且对他刮目相看！

钟南山坚持认为，对待"非典"病人，要从最简单的病情入手，从最直观的情况说起，而不是跟病人说：先去做一个血液检测。

在他看来，深入一线所得的发现，是实践、是真实，需要时间，但是可靠、有说服力。

二十三　巍然挺立

2003年3月初,是"非典"疫情最严峻的时段。

谁也无法回答,去路有多远,归程为何时。

在3月17日这一天,广东全省累计报告的"非典"病例首次突破1000例。

广州6家专门接收"非典"病人的医院已不堪重负,一批又一批"白衣战士"倒下去了。在呼研所这个抗疫"主战场"上,先后共有14名医务人员被感染。整个广东,抗击"非典"的医务人员紧缺,已经到了危急关头。

一线告急!

"把重病人都送到我这里来!"在危难之际,钟南山果决的声音,像攻城的大炮,为整场战役的胜利开辟了通道。

在如此危急的情形下,钟南山以铁肩担起使命。

当呼研所上上下下都知道了所长如此主动请缨之

后，大家心里就清楚了："我"，就是呼研所，每一个人，都是一样的！

呼研所的全体医务人员临危不惧，昂然挺立，筑成了一个坚固的阵地！

随着广州各医院收治的"非典"病人越来越多，不时有重病患者转到呼研所来。但是，来到这里的病人常常已经到了命悬一线的地步。

早诊断、早隔离、早治疗；在适当的时间合理使用皮质激素；合理使用呼吸机。钟南山的这些叮嘱，大家一一记牢。

当重症患者被抬过来的时候，他们已神志不清，手硬邦邦的，脑神经也出了问题，无法马上作出诊断。这个时候，医务人员必须赶快为病人脱去身上的衣服，但是病人的四肢都不能打弯儿了，衣服已经脱不下来了，最后只好把衣服剪掉。

钟南山觉得，到了这个地步才把病人送过来，已经太晚了，于是他向上级提议，把病情还不算太严重的病人送到呼研所。当时他唯一的想法是，他这里是广东的呼吸疾病专科研究所，不送这儿来，送哪儿去？他应该承担起责任。

广东省委领导同意他的请求后，呼研所马上派出医生和护士到各医院去把病人接来。

然而，转移病人并不是一件容易的事，何况到处都人手紧缺。如果只有两名女医生，抬担架都是非常吃力的。这时，男司机往往帮着一起抬，但是在上担架之前，三个人抬仍然很艰难，因为不是只抬病人，还要抬随着病人移动的救护仪器和针剂。

一位叫刘晓青的年轻医生，个子瘦小，要到一家医务人员感染较严重的医院把"非典"病人转移到呼研所来。得到钟南山的同意后，她准备把6个病人一起接过来。先是接来了5个病人，还剩下一位司机。

后来，刘晓青回去接那个重病的司机，但人手不够，她只好用单薄的身子抬着沉重的担架。已是处境危险的司机，本来就高大的躯体，沉重得把整个担架往下压。偌大的医院里，冷冷清清，死亡的气息威逼着人的意识。刘晓青咬紧牙关步步向前——撑住担架，就是撑起了一条生命啊！

刘晓青的勇敢，深深地感动了钟南山。

许许多多可爱可敬的医护人员，就是如此在抗疫一线上与死神赛跑的！他们用尽浑身解数，与病魔搏斗，带着病人返回人间。病人需要他们，他们便坚决挺住！

当时有两个来自内蒙古的患病姐妹到呼研所就医。这两名患者从呼和浩特来到广州，发着烧，有肺炎，病情已经很重。医生马上给其中一位插了管子，上了人工呼吸机。

平时，收治从远方来的病人可能是一件再寻常不过的事情，但是在抗击"非典"最艰难的时刻，这两姐妹千里迢迢慕名而来，让医务人员感动不已。

那么远的病人都投奔他们来了，病人需要他们！这对医务人员来说如同一份褒奖，唤起了他们心中的使命感，本来已经疲惫不堪的他们突然受到了鼓舞，身上再次充满了干劲。对呼研所的团队来说，这件事永远是他们心头上最动人的风景。

后来两姐妹都完全康复了，她们十分开心。

2003年3月底，就在最为艰难的时刻，出现了一个转机。由于上级卫生部门及时送来了面罩和全身防护服，医护人员得到积极的隔离和防护，广东的"非典"病例数开始下降了，"非典"病人开始减少了！

钟南山的团队，终于化解了危局，终于挺过来了！

二十四 "世卫"认可

2003年3月初,香港刚刚出现"非典"疫情时,钟南山受邀访港,向600多名医生讲解"非典"在广东的情况。当时在座的一位世界卫生组织的官员,对钟南山的报告产生了极大的兴趣,那就是伊文斯博士。

伊文斯没有想到,在中国有钟南山这样一位医生,对"非典"的研究已达到了如此程度,对怎样诊断、治疗和预防"非典",都有了比较具体的方案。

到了3月底,几个国家和地区已经出现零星的"非典"病例,可是国际社会一时还无从得知"非典"究竟是一种什么样的疾病,对如何防控"非典"也尚无对策。因此,伊文斯强烈要求到中国内地来。

4月初,伊文斯一行人来到广东,如愿见到了钟南山。最初,世界卫生组织对广东的"非典"防治抱有怀疑态度。伊文斯等人把他们所有的疑虑都直接表达了出来。

由于事先就对世卫组织官员的疑问做了充分的估计，所以，钟南山已经做好准备。他把自"非典"暴发以来的大量防控资料、数据等，制作成一套内容翔实、直观且颇具说服力的幻灯片。这些材料不仅详细介绍了"非典"的特征、如何进行医疗防控，还展示了如何通过有效的措施降低病死率。

钟南山说着一口流利的英语，他不但介绍了大量周密可行的治疗方案，还提供了可靠的数据和事例作为依据，如此生动、全面的资料，让伊文斯一行人连连称道。与此同时，伊文斯不无感慨地说："有些经验是用生命和鲜血换来的。"

赴广东考察后，面对记者时，伊文斯表达出他的感受：不仅是"完全出乎意料"，而且是"震惊"。他认为钟南山的经验十分丰富，对于全世界抗击"非典"工作是宝贵的财富。

钟南山却认为，赞扬也罢，批评也罢，他都要面对疫情，面对病人。不过，他与世卫组织的第一次接触，确实为中国人赢得了信誉。

可是，"非典"的病原究竟是什么？

关于这个问题，当时还没有统一的意见。但是要真正控制传染、控制病情，就必须搞清楚病原体为何物，才能够有效控制。

一场医学争论，关系到千百个病患的生命，关系到如何战胜空前浩大的疫情。

为了尽快找到答案，广东以钟南山为首的专家们，始终不渝地进行相关研究，寻找"非典"的病原体，研究它的传播途径，研究它为何传染给人类。2003年4月11日，广州呼吸疾病研究所拟在次日下午举行新闻发布会，由钟南山主持的联合攻关组宣布，从广东省的非典型肺炎病人的器官分泌物中分离出来的两株病毒，也是三天前香港专家公布的病毒，表明冠状病毒的一个变种可能是引发非典型肺炎的主要原因。

4月12日，广东媒体在重要位置刊登消息，首次公布在广东的"非典"患者身上找到的病原体是冠状病毒。

4月16日，世界卫生组织在日内瓦宣布，经过全球科研人员的通力合作，正式确认冠状病毒的一个变种是引起"非典"的病原体。

这是全球发生"非典"疫情以来取得的最重要的阶段性成果。

这一成果有力地支撑了呼研所之前已经通过实践获得的发现——使用抗生素的治疗方案根本行不通。

如果不找出"非典"的病因，盲目使用抗生素治疗，多少"非典"病人要面临生命危险！

面对生与死的问题，钟南山无法让步。一直亲历抗击"非典"战斗的他，在"非典"病原之争中，在质疑声中，挺直了科学家的脊梁，顶着莫大的压力、委屈和风险，始终坚持凭事实说话。

"实践是检验真理的唯一标准。"在经历了"非典"疫情带来的重重考验后，所有人都由衷地为这句话叫好。

二十五　携手合作

2003年3月7日，北京出现第一例"非典"病人。

3月7日晚8时许，已退休在家的著名传染病专家姜素椿接到中国人民解放军第302医院领导打来的电话，对方请他立即赶到医院，指导对一名"非典"患者的抢救。

姜素椿年事已高，且患过鼻咽癌，呼吸系统是他免疫屏障中最脆弱的部分。一到现场，他马上意识到问题的严重性，可还是毅然走进了病房。

当时他只知道"非典"是一种传染性极强的病，即将面对的是北京市第一例输入性"非典"患者。据院长介绍，这个来自山西的病人是从广东回来后发病的。姜素椿心里咯噔了一下。之前他只听说广东出现了"非典"，但在北京还是第一次听到。

那天，一直从事传染病医学工作的姜素椿多留了个心眼，特意在口罩里多夹了两层纱布。可惜那位病人最终没能抢救成功。姜素椿很少见到如此厉害的传染病，建议马上进行尸体解剖。病人尸体内残存着大量病毒，打开胸腔后，病毒四处蔓延，其危险性比以往任何时候都大！但是，姜素椿不顾自己年迈的身体，在解剖室以最快速度对北京第一例"非典"死亡患者进行了解剖，为开展"非典"研究积累了珍贵的第一手资料。

3月14日晚，姜素椿突然感到发冷，他意识到自己可能被感染了。处于高烧中的他决定用自己的身体来做试验！

3月22日，从广州采集来的恢复期"非典"患者的血清，注射进姜素椿的体内。

奇迹出现了！

在注射了血清并配合其他药物治疗后，74岁高龄的姜素椿住院23天后，经检查，所有体征指标合格，最终康复出院。他成为全球首位用自己的身体进行血清注射试验并获得成功的"非典"患者。

到了4月，本来觉得"雷声"离自己很远的北京市民，突然被惊醒了。

4月5日，一个"非典"病人出现在北京大学人民医院。很快，93名医护人员陆续受到感染，医院被整体隔离，持续了将近一个月。

在北京，对于"非典"，人们普遍的态度是既觉得可怕，心有提防，又觉得危险离自己还很远，唯独没有想到疫情会暴发得如此让人措手不及！

4月下旬，"非典"向北京及全国蔓延，党中央、国务院采取了一系列重要的措施，明确提出要对人民高度负责，及时发现、报告和公布疫情。国务院果断决定，将非典型肺炎列入我国法定的传染病进行依法管理。从4月21日开始，原来每5天公布一次疫情的机制改为每天公布一次，和世界卫生组织的要求接轨。

4月23日，国务院成立防治非典型肺炎指挥部，由时任国务院副总理吴仪任总指挥，同时决定由中央财政设立20亿元的非典型肺炎防治基金。

吴仪就北京的"非典"防治措施专门与钟南山面谈过两次。

吴仪第一次会见钟南山，是了解"非典"疫情及防控方面的情况。第二次面谈时，北京的"非典"疫情更为严峻，吴仪问钟南山北京到底应该怎么做，她非常希望能够听听他的意见。

钟南山建议，首先应该考虑把重病患者集中到一两个地方，再调集高水平的医务人员进行抢救。

尽管后来建立小汤山"非典"医院不是钟南山提议的，但是钟南山的建议，吴仪全部采纳了。

吴仪在听取钟南山等人的意见后，把北京的"非典"重病患者暂时集中在了两个医院，还向一些疫情比较严重的省市派去了医疗队。几天过去，吴仪再次接见钟南山，要钟南山派一个医疗队到北京增援，钟南山迅速到北京协助指导一线工作。

钟南山在抗击"非典"中的卓著贡献，受到了党和国家领导人的关注。

早在4月22日，钟南山在北京参加完中国医师协会召开的一个会议之后，刚回到广州，就接到一个通知：时任总理温家宝准备去泰国曼谷参加"10+1"高峰会议，即中国—东盟领导人关于非典型性肺炎问题的特别会议，亲自点名钟南山作为专家之一随行。

时任卫生部副部长王陇德通知钟南山。钟南山说，只有几天了，他连签证都来不及办。可对方回复说，已经帮他把签证办好了。

4月27日，钟南山又到了北京。

此次曼谷之行，钟南山及其他随行人员一同乘坐总理专机前往。温家宝坐在前舱，钟南山与几位部长坐在中舱，后舱是随行的工作人员和记者。

飞机起飞之后大概不到半小时，温家宝就把几位专家叫到了前舱。随总理出行，钟南山真切地感受到党和政府对他的信任！

曼谷当地时间4月29日8时30分左右，专机降落在曼谷空军机场。下午，特别会议结束后，随即举行了记者招待会。不太大的会场挤满了各国记者。

提问的记者无论来自哪里，关注的主要是中国。

作为随行人员之一，钟南山除了出席有关会议，还接受了中国记者的采访。他诚恳地表达了自己的观点："非典"是一种全人类的疾病，不是一个地区的疾病，也不是一个国家的疾病。它已经扩散到将近30个国家和地区，需要全人类的共同努力来战胜。东南亚国家是中国的邻居，相互间的影响很大。中国此次与会，说明中国很愿意和东南亚国家合作。钟南山还提到，共同交流信息，有助于加强对"非典"的认识，防治水平也能得到提高。

记者还问：这次会议对中国正在进行的"非典"防治工作有什么作用？

钟南山回答说，东盟一些国家，包括新加坡等，在疾病的预警和防护方面有一套比较好的系统，这方面很值得中国学习。另外，钟南山说，东盟国家在基础病毒学研究方面有很好的底蕴，如果在这方面合作的话，相信能有助于进一步认识"非典"。

钟南山的回答体现了他一直推崇的国际大协作理念。在钟南山看来，对付"非典"这个人类共同的敌人，除了需要流行病学和临床方面的密切协作，还需要国际上的大协作，群策群力，共同攻关。

钟南山的言行举止，得到了国际社会的好评。中国政府抗击"非典"的做法，也开始为世人瞩目。

温家宝在出席会议之后，于30日上午离开曼谷，抵达广州。按事先安排好的行程，他要去钟南山的母校华师附中参观。钟南山以为，温家宝到达广州之后的安排与他没什么关系了，所以就一个人留在了宾馆。

温家宝坐进小巴里，环顾左右，问："钟南山有没有来呀？"大家告诉他，钟南山没来。

温家宝说："不行，我去华师附中，钟南山一定要来和我一起去。"

他说完之后，整个车队就停在原地等待。广东省委警卫处马上派人四处去找钟南山，最终在宾馆找到了他。警卫温和地催促钟南山："请您快去，总理在等您呢！"

钟南山一听，立即上路，等赶到之后，整个车队已经等了30分钟。

温家宝知道钟南山是华师附中的校友，所以他和学校的老师们照相的时候，就把钟南山拉到旁边，向大家介绍："这是你们的校友钟南山院士，你们要好好学习，以后和钟院士一样……"

二十六 感动中国

有的人很少流泪，那个时候却会泪流满面；
有的人很少动心，那个时候却会怦然心动。
在那充满疑虑、充满期待的日子。
有一个人让我们踏实，让我们感动。

这是中央电视台"感动中国2003年度人物"颁奖典礼上，主持人敬一丹的开场白。

那炫目的领奖台，让多少中国人心潮澎湃。

在众人期盼的目光中，他来了，向人们深深鞠躬。

观众目力所及的舞台不过10米，但是，对钟南山来说，每一步饱含多少艰辛与困苦！他扬起一只手臂，向台下欢呼的观众示意，神态亲切、平和。

"感动中国"推选委员会给予钟南山的推选感言是：在"非典"袭来的时候，他置个人安危于度外，积极救治病人，还卓有成效地探索出防治"非典"的经验，他是为人民的健康作出巨大贡献的英雄。

2003年春天,一个让中国人记忆深刻的季节,也是让中国人感到要重新面对自己的时刻。"非典"病毒突然出现在中国人民的面前,它所带来的恐惧,比它带来的死亡信息更加快速地传播着。

这是一场没有硝烟的战争,而全国人民取得的是一场真实的胜利。

面对这突如其来的致命疾病,面对这不为人知的可怕病毒,千千万万普通的医务工作者勇敢地接受考验,站在最前线,没有人因为害怕感染而从阵地上撤退。

钟南山作为其中一员,在抗击"非典"的整个过程中,以一位科学家的态度与良知,在"非典"病原之争中坚守立场;在重重压力之下,他凭借勇气坚持真理,找到了冠状病毒为病原体一说的依据;他不畏艰难,与同事共同开创了用于救治"非典"患者的"无创通气"疗法;他冒着风险,力挺皮质激素在治疗中的科学使用……打赢"非典"阻击战,钟南山可谓功不可没。

2004年2月,中央电视台以铭刻于历史的口吻,这样评说:这是一场人类社会并不认识的疾病,这是医学界当时仍然不明原因的疫情。但是在中国的南方,在"非典"传播的起点上,一个67岁的老人,一个功成名就的专家,却以一个医学工作者科学的头脑和理性的力量，请求把一批重症病人，转送到他所领导的呼吸疾病研究所，集中隔离治疗。

"这个是我们的本行，是我们本身的职责。"这是钟南山的由衷之言。

他临危受命，担任广东非典型肺炎医疗救护专家指导小组组长。

面对危局挺身而出，大义凛然；面对危险身先士卒，勇往直前——这是一个真实的钟南山。

钟南山此刻所表达的，是他曾经说过多次的一个简单得不能再简单的意愿："想追求一个未知数，这就是我最大的动力。"

他对主持人白岩松说，2003年的今天，面对死亡率很高、完全没遇到过的这么一种疾病，他就像参加战斗一样。

岂有没有流血的战场？钟南山感念他的战友，那些英勇牺牲的烈士！

经历了阵痛之后，中国迎来了2004年开满鲜花的春天！

中央电视台"感动中国2003年度人物"给予钟南山这样的颁奖辞——

面对突如其来的"非典"疫情，他冷静、无畏。他以医者的妙手仁心挽救生命，他以科学家实事求是的科学态度应对灾难。他说:"在我们这个岗位上,做好防治疾病的工作,就是最大的政治。"这掷地有声的话语,表现出他的人生准则和职业操守。他以令人景仰的学术勇气、高尚的医德和深入的科学探索,给予了人们战胜疫情的力量。

  2009年,中华人民共和国成立60周年之际,钟南山又当选"100位新中国成立以来感动中国人物",这一评选结果代表了广大民众的心愿。颁奖辞中,有一句话尤其引人注目:"在关系抗击'非典'成败的重大问题上,他能置自身荣辱得失于度外,力排众议,坚守科学家的良知……"

二十七　健康储蓄

2004年，钟南山得了心肌梗死。当时他没在意，安了支架，第三天就去沈阳开会。后来，他就得了心房颤动。

这时，他的情绪非常低落。他开始反省自己：原来以为自己是铁打的，什么事都没有，不在乎，结果情况就严重了。

体质好的人往往接受不了突然得病的变故，受到的心理打击非常大，病情也可能随之恶化。相反，体弱多病的人倒会有心理准备，平时都会加倍爱护自己。为什么人家说，有些人有一点儿什么病，倒能活到九十几？钟南山用一个恰当的比喻回答了这个问题：因为他们知道这个碗有裂痕了，吃饭的时候就小心地拿着；相反，很多好碗，突然摔了，就没有了。

身体有一点儿病，不一定就是坏事，对人来说是很好的提醒。这应该是钟南山的经验之谈。

常年繁重的工作需要钟南山有过人的体能。体质下降时，他为工作效率不高而焦灼；但健康状况一旦恢复，他又会没日没夜地工作，一有时间就埋头在学术上。对于他来说，任何的悠闲自在，都不如深入临床研究，解决疑难病症，让更多的病人摆脱痛苦。

正因为他像陀螺一样不停地旋转，不堪重负的心脏才向他提出了抗议。

钟南山毕竟是理性的，在疾病面前不会有侥幸的心理。2007年，钟南山决定接受心脏除颤手术，但许多著名的心脏科大夫都不同意他做。后来，他请了从德国留学回来的专家给他做这个手术。手术前，他非常平静地写了份遗嘱，写完以后还认真地修改过。手术当天，年近71岁的钟南山谈笑风生，和医生聊着家常，为医生做心理减压。最后，手术成功了。

那天，窗外的细雨从前半夜开始一直下，直到接近中午才停。钟南山从麻醉状态中醒过来时，窗外已是阳光灿烂。

"我很好，活过来了，只是浑身还插着管子。"手术后第二天一早，他在电话里的声音令人惊喜不已。

在这样的年龄，钟南山还冒险做心脏除颤手术，主要是为了工作。他对医生说："我哪有时间慢慢去保养！"他觉得，不做这个手术，他的工作效率就老是受影响。

尽管工作忙碌，偶尔积劳成疾，拥有运动健将体质的钟南山看上去还是比实际年龄小得多。

一次，他在香港过海关时，遇到长长的队伍。有一个窗口是接待65岁以上的老年人的，排队的人少，他就去了。海关人员对他说："你去其他窗口吧。"他过去了，然后一想，觉得不对，又折回去，问："不是65岁以上的人可以从这边过吗？"那个海关人员把钟南山端详了一阵，才说："好吧，过去吧。"

常常会有海关人员看他半天——1936年出生的人，看样子一点也不像啊。这是因为钟南山一直都很注重身体锻炼。

以前，钟南山搞竞技体育，后来慢慢不参加比赛了，但还是喜欢体育运动。钟南山觉得运动能帮助他提高工作效率，保持思维清晰。于是，他就把体育运动变成了习惯，视锻炼如同吃饭一样重要。

吃饭是给身体增加营养，但很多人没有认识到，体育锻炼同样如此。大脑有了氧气，人才不容易昏昏欲睡，更有精神。不仅如此，身体的主要组织是肌肉，肌肉如果得不到锻炼，人的代谢水平就不可能提高。

2008年，钟南山呼吁大中小学生每天进行锻炼，因为他了解到，青少年的体质明显下降。同年10月26

日,教育部、国家体育总局、共青团中央联合组织开展了第二届"全国亿万学生阳光体育冬季长跑"活动。这是钟南山参与大力呼吁的结果。

当时他看到教育部的一份调查结果显示,在过去20年内,虽然中国青少年的身高有了普遍增长,但速度、力量、灵敏度、耐力等指标全面下降,其中下降特别多的是耐力和力量。看了这份资料,钟南山觉得中国青少年体质下降的问题太严重了,为此忧心忡忡。

在钟南山家中,文件、资料占据了大量空间,他的夫人李少芬对此也无可奈何。但是,钟南山特意安排了一个小房间来锻炼,跑步机、拉力器、哑铃等一应俱全,墙壁上还安装了可以做引体向上的单杠。这也是他们一家人共享的快乐空间。

在钟南山看来,所谓场地受限制等都是逃避体育锻炼的借口。慢跑和快步走是钟南山经常锻炼的基本项目。他认为,跑步最不受时间、场地的限制,在教室周围、在小区里都可以进行。他经常在家中的跑步机上跑,有时也在办公室原地跑。

其实,慢跑是锻炼青少年心肺功能、增强耐力、提高肺活量的最佳方法之一,效果是其他活动难以比拟的。学生能进行并坚持长跑,关键在于教育的引导。只有体质好,提早打基础,才能适应未来社会更多的挑战。钟南山总是语重心长地说:"有些身体不好的人,年轻时根本没有什么感觉,到三四十岁时才慢慢显露出来。"

1958年,北京医学院的口号是培养"红、专、健"的学生。"红",就是思想好;"专",就是学习成绩好;"健",就是健康。当时学校提出这个口号,目的是号召学生们为祖国健康地服务50年。

到2020年,1960年大学毕业的钟南山,已经为祖国健康地服务了整整60个年头!他真正实现了这个目标:始终健康地为祖国工作和服务。

相比之下,多少医生早已退休养老,更有不少人受疾病困扰。究其原因,在于一生的"健康储蓄"太少。

虽然年事渐高,钟南山已经不怎么打篮球,但他还是会游泳、跑跑步机、做拉力锻炼。他把手往旁边一摆,臂膀上的肌肉随之微微隆起,展示出他的自信。

2003年以前,钟南山都是从中午1点开始看诊,一直到晚上9点,足足8个小时,很多在他身边学习的研究生都受不了。只要他在,每天一般都要看50个号。

那时,医院里有夜宵供应,都是超时餐。一到晚上7点多,超时餐就送来了。吃过超时餐,钟南山一般会再喝一瓶牛奶,然后继续工作。现在,钟南山开始注意自己的身体,通常是下午2点半到门诊,一般工作到晚上6点半。

为什么钟南山后来就下决心改了？

原因之一是，他慢慢地冷静下来了：因为事务太多，年龄也不饶人了。

对于一些话，他会记得很牢。特别是对于提醒他关注身体健康的话，无论是否全部对他的心思，他都会认真听取，态度特别端正。

然而，别人跟他说，休息好了才显年轻，休息得不好就显老，他是记住了，可工作如此忙碌的他如何做得到？

二十八　全心全意

2008年,12月的广州,气候格外宜人。阳光透过窗户,洒进这间简陋的办公室。这里的空间极小,仅20平方米,除了两张桌子和一排沙发,到处都是有序可查的资料和书籍。从堆在桌面上的资料望过去,钟南山的背影坚实有力。

他的一只手向脑后敏捷地梳理了一下头发,这是他阅读材料时的习惯动作。因为常年运动,他的手青筋隆起;他的头发略显花白,稍带天然的卷曲,后脑的头发悄悄地有些稀疏了。

随后,他走出办公室。每周一次的出诊,是钟南山必做的。

他迈着稳健的步子朝诊室走去,别人一般需要小跑才能跟上,除非他有意放慢速度。由于等待电梯的时间长,他干脆不乘电梯,改走楼梯。年轻时,他上楼下楼,三步并做两步,如今还是一样。

门诊室大厅里摆满了椅子，坐满了等候看病的人。这是一个三四十平方米大的房间，两边是问诊的格子间，这样的诊室与医院其他诊室没什么两样。桌子是普通的电脑桌，还有简易的椅子，这些物品已是陈旧得不能再陈旧了。

通常病人一进门，就看见站在面前笑脸相迎的钟南山，心里那种"来看病"的沉重感好像减了一半，感觉特别踏实。

第一个病人进来了，是一个50多岁的瘦弱妇女。她来自甘肃的农村，面如灰土，由家人慢慢搀扶着。她是慕名而来的。

"您来了？来，您坐下。"

"大夫，你看，我还能活不？"妇女的声音低低的，好像是在问别人的事，没有痛苦，更没有哀伤。只有当她的目光在钟南山脸上停留的那一刻，看见他满脸的笑容，她的眼神里才出现了一丝光亮。

"您不要急啊，把心先放下。"

钟南山给她查看舌苔和嗓子，他张开嘴做示范："啊——"病人也学着他的样子慢慢把嘴张大。

钟南山用两只手把听诊器焐热："来，我给您听一听。"

这时，他伸出右手扶了一下面前的这个病人，病人紧张的神经马上松弛下来。她撩起自己的衣服，让钟南山给她听诊。

一次体检之后，医生把片子拿给钟南山看，说他的腰椎向右侧倾斜了。大家都说，这是他常年向前探身扶病人这个动作造成的。钟南山听了这话，手一摆，边笑着边摇头说："哪有那么邪乎。"

尽管诊室内有强烈的来苏水味道，钟南山却浑然不觉，全神贯注给病人听诊。病人得的是严重的肺病。他搀扶着病人走到检查床前，伸手拉上了白布帘。他用一只手臂托着她后颈和肩的部位，扶着她慢慢躺下。等检查完之后，他又将她慢慢扶起。

对每一个病人，他都是如此细心。

助手陪着病人去做化验、拍片。钟南山还吩咐助手为这个病人办理住院手续。

墙上的挂钟嘀嗒嘀嗒，时间一分一秒地过去。从这个病人进门，到钟南山为她问诊、听诊、触诊，还有分析她随身带来的 X 光片，整整过了 55 分钟的时间。钟南山半天看 10 个左右的病人，常常是从下午两点半看到晚上六点以后。有时多加了两个号，他就要提前半个小时上班，晚上也会更晚一些下班。

第二个病人进来了。

"哟，老张啊，您来了！好点儿了吗？"钟南山笑呵呵地招呼这个熟人。

老张60来岁，是老年慢性支气管炎病人，家住广州郊区，今天是按医嘱来复查的。

他的脸笑成了一朵花："钟大夫，太感谢您了，我好多了！"他伸出两只手，紧紧拉着钟南山的手，就像老朋友一样。

钟南山仔细地给老张听诊，为他触诊，然后又跟他聊了15分钟。他一共给老张看了半个多小时，这已经是当天看病时间最短的一个病人了。

老张上次来时，愁眉苦脸，心事重重。"我透不过气来呀。"他整天担心儿女，担心老伴儿的病情，越想心越窄，"自己的身体要是再有什么不好，这个家可怎么办呀？"

钟南山一边向老张询问病情，一边和他聊家常。给老张检查完，钟南山又对他推心置腹道："老张，我比你大十多岁呀。我非常累，但是我很开心，因为我把每天要做的事情都计划得很好。"

老张明白了一个道理：就算自己能力有限，但只要一天做好一件事，而且做成了，解决问题了，让别人开心了，自己就快乐了。临走时，老张乐呵呵地说："哎，我怎么不憋气了？"

挂钟大夫的号，来跟钟大夫聊一会儿天，就能治病。有的病人就是这样认为的，那叫"话疗"。

这时，助手把甘肃女病人的检查结果全拿回来了。钟南山认真查看了刚拍出的X光片，认为病人必须立即住院。助手回复：病房那边已经回话，会尽快安排。

钟南山对助手说："辛苦你再落实一下，因为对这样的答复，我实在不能放心。"

来看病的，不仅有老年人、中年人，还有孩子。

一对小姐弟，姐姐10岁，弟弟6岁，手上起了红色的斑点。他们来自广东揭阳，听父亲说是大名鼎鼎的钟爷爷给看病，进了门就喊："钟爷爷！"小男孩面对钟南山一点儿也不怯生，竟然摆弄起他桌子上的东西。小男孩的父亲马上责怪他。钟南山哈哈一笑，就把小男孩揽在了怀里。

有的时候，病人要是从很远的地方或别的地方到广州来看病，钟南山就告诉病人不必跑那么远，还为病人介绍当地的医生。有时，病人在经济上遇到困难，他就尽量为病人提供一个简单的治疗办法。还有很重要的一点是，他会教病人怎么用药。在指导自己的学生时，钟南山总是强调要设身处地为病人着想。

钟南山全心全意地立足于自己的本职工作，无论职位发生了怎样的变化，无论收获了多高的名望，他始终没有忘记自己是一名医生。从20世纪70年代起，一直到今天，他一心一意为病人的初心从没变过。

对钟南山来说，事再多、工作再忙，如果不能为病人出诊，就失去了忙的对象。那些繁忙的事，也就失去了意义。

尽管有很多其他方面的事需要他处理，但每到出诊之时，他就一定在这间诊室里专心给病人看病。

看着一个个病人因为自己的医治转危为安，钟南山便感到非常幸福。

二十九 顶天立地

2017年9月7日,钟南山团队的论文——《噻托溴铵对早期慢性阻塞性肺疾病的治疗》发表在权威医学期刊《新英格兰医学杂志》上,为慢阻肺的早期防治提出了"战略性的方向"。这一具有标志性的成功,为钟南山带来了巨大的成就感:"在国际上,预防高血压、糖尿病的研究,都经历了20年之久,而我们对于慢阻肺预防的研究仅用了不到10年!"

它意味着什么呢?

从这一天起,全世界的西医学终于承认了慢阻肺可以预防,终于有了通过预防减少发病的依据,而最重要的是,有了对慢阻肺进行早期预防和干预的具体实施办法。这些办法一旦得到普遍运用,全球每年因慢阻肺而死亡的人会大大减少。

在我国,慢阻肺患者达1亿人,已成为危害国民健康的第三大杀手。在全球,慢阻肺是致死率很高的疾病。

慢阻肺在早期时，症状还不是很明显，难以引起注意。有的病人即便发现了病情，也不会予以足够重视。一旦疾病发展到中后期，除了病人难受、治疗效果不好，每次住院要花大概两三万元医疗费。到了晚期，基本上治疗就无效了。

钟南山记得，在读大学三年级的时候，他的老师讲糖尿病的症状是"三多一少"：吃多、喝多、尿多、体重下降，并且伴有糖尿病足、青光眼及肾病。实际上，这都是糖尿病的晚期并发症，治疗起来比较困难，效果也很差。后来人们才认识到，当早期血糖反复升高、糖耐量降低时，即使没有症状，都可以诊断为糖尿病，如果在这个时候进行干预和治疗，完全可以避免以上并发症的发生。那么，慢阻肺为何不能？

于是，在2009年，钟南山就下定决心，要用一个真实的成果告诉世界：慢阻肺可防可治。

2009年6月，钟南山前往意大利罗马参加国际慢阻肺大会。会上，他做了三个发言，分别介绍的是慢性阻塞性肺疾病在中国的预防、控制与治疗。他用大量的事实、数据阐述了自己的理念，提出了自己的观点：能不能像对高血压、糖尿病那样，对慢阻肺进行早期干预和预防？

他举例说，对于高血压，我们不是等病人出现中风时才去提醒他治疗，而是在体检时发现血压高，就要开始治疗。对糖尿病就更是如此，中国医疗机构随时监测病人的血糖，根本不会等到出现"三多一少"了才开始治疗。因此，对于慢性阻塞性肺疾病，我们同样不应等到病人出现活动后呼吸困难或坐着喘不过气等情况的时候再治疗，而应该进行早期干预。

面对来自世界各地的医学专家，钟南山自豪地说："这样的做法是现代医学的体现。"

钟南山介绍道，慢阻肺早期干预和治疗的系统工程已经在中国社区进行了5年。事实证明，病人肺功能的递减率真的能够逆转，慢阻肺病人有可能获得治愈。所以，对慢阻肺早防、早治，是对病人健康最好的保护。

最后，钟南山非常鲜明地提出自己的看法：每个国家的医疗机构都应该建立对慢阻肺早期干预的系统。他的这个看法一提出，立刻得到很多国家代表的赞赏。

当钟南山发言完毕，一位英国专家站出来说："我想请问全场除了中国，有没有哪一个国家对慢阻肺进行早期治疗？"

没有一个人举手。

那一幕刺激到钟南山了,他不会忘记。这些国际专家都认为这是个无法进行下去的项目,但是时年快73岁的钟南山,却举手打了保票。

至今他仍庆幸自己当年找到生产治疗慢阻肺药物的德国制药巨头勃林格殷格翰,说服这家公司提供药物和资金支持,并协助探索慢阻肺的早期干预。最终这家公司为钟南山团队提供了研究用药和400万元资金,作为对研究项目的支持。

从此,钟南山就像西天取经一样,和他的合作伙伴冉丕鑫教授以及他们的团队深入基层,寻找潜在慢阻肺患者,开始了长达数年的浩大工程。

在对841名患者完成双盲对照实验后,结果出来了:用药组(噻托溴铵吸入)的患者肺功能明显改善。这项实验证明,早期用药可以改变慢阻肺患者肺功能每年下降的自然进程。

钟南山和他的团队历经近10年时间,首次发现,如果在早期病人没有症状或有极少症状时对慢阻肺进行干预,可以显著改善病人的肺功能,提高他们的生活质量;同时首次证实,抗胆碱能药物能减少肺功能的年衰减率,延缓病情的恶化。

这一研究成果对像钟南山这样在专业领域孜孜以求的科学家来说,是一种告慰。将近十年坎坷路,终见曙光。

在这一段漫长的时间里，钟南山和他的团队下沉一线调查，受试群众从几十人到上千人，再到上万人。

钟南山自己做演示文稿，深入全国各城市以及村镇，依靠当地政府及广大群众，首先用肺功能仪筛查出病人，再用他们听得懂的比喻和风趣幽默的语言，进行一场又一场讲解，使大家乐于接受他的这套慢阻肺预防大理论，接受他提出的预防措施。

为了降低治疗成本，钟南山团队还努力发展适合国情的"简便、价廉、安全、有效"的药物及器械。经过多年研究实践，他们发现，含有硫氢基的口服药物和中药成方玉屏风散能够降低慢阻肺病人的急性发病频率，医疗费用也能大大降低。

另外，他们通过研究证实，作为我国千年来特有的身体锻炼及康复手段，太极拳能够调整呼吸，增加呼吸肌肌力，有助于慢阻肺患者的功能康复。

过去，慢阻肺是等到病人出现明显症状之后才进行干预；如今，钟南山与他的合作者重塑了慢阻肺诊治的理念，使这一历史重新改写。

2018年，钟南山教导自己的科研团队，做科研要"顶天立地"——"顶天"就是要抓住国际前沿理念，攻关国家急需的项目；"立地"就是要能解决老百姓的需求，研发出对老百姓有效并且安全、价廉、方便的器械和药物。

如何让科研成果走出实验室，成功转化为大家都可以用的产品，钟南山带着团队一直在探索。

三十 迎战"新冠"

2020年初,一个不祥之兆犹如隐隐雷声,从天边滚滚而来,它和2003年初的动静相似。

1月18日上午11点刚过,钟南山的秘书苏越明接到国家卫生健康委员会打来的紧急电话:武汉的疫情不明,请钟院士今天"无论如何亲赴武汉"。

在这之前,苏越明一直隐隐担心这个迟早会来的电话,因为钟南山的健康状况虽然没有大问题,但是毕竟不比17年前抗击"非典"的时候。

自2019年12月以来,不明原因肺炎的消息陆续从武汉传来,钟南山一直忧心忡忡。2020年1月8日,国家卫健委专家评估组初步确认新型冠状病毒为疫情病原。"新冠疫情"开始成为钟南山团队的中心话题,钟南山始终密切关注着疫情的动向。整个广东都已在静静地"备战"。

就在苏秘书接到电话的前一天,钟南山刚刚与"抗非战友"广州医科大学附属第一医院党委书记黎毅敏教授奔赴深圳市第三人民医院参加了一个紧急会议——那里出现了一例新型冠状病毒肺炎的疑似病例。

得知消息后，钟南山回复苏秘书："下午还有一个广东省卫健委的会，明天一早飞过去行不行？"

在国家卫健委考虑这一请求的时候，苏秘书开始查询当天到武汉的航班和高铁车次情况。

一个小时后，国家卫健委的电话又来了：经过充分讨论，还是要请钟院士今天务必赶往武汉。

苏秘书告知对方：去武汉的飞机票已经没有了，高铁无座票也已售完。

但是电话那头态度坚决："请钟院士坐高铁过来，车票我们来联系。"

中午12点，钟南山匆匆走出会议室，给苏秘书打电话："我也接到国家卫健委的电话了，今天必须赶到武汉。"他还说："国家的这件事情非常重要，国家需要我们去，我们必须今天就去！"

国家大事！钟南山说出这样的字眼让苏秘书一时间热血沸腾。

简单扒拉了几口青菜、几口米饭，钟南山就迅速赶往广东省卫健委，参加同样是讨论疫情的会议。会上，专家们警惕又谨慎地进行各种分析和筹划。

会议中，苏秘书接到广州南站工作人员的回话：可以送他们上前往武汉的高铁，上车以后想办法帮他们找座位。

4点半会议结束，二人坐车直奔广州南站。路上，钟南山不禁喃喃自语：2003年的"非典"挺过去了，没想到17年后又发生这么大的事。

这一天，中国人刚过完小年，离大年三十还有5天。按照民间的习惯，这是各家置办年货的时候。2020年的新春佳节就要到了。

5点半，广州南站内人山人海，充满欢声笑语。即将返乡过节的人群中几乎没有人戴口罩。

在人流中，一位精神矍铄的老者与一位年轻靓仔彼此招呼着，总算上了17点45分发往武汉的G1022次列车。还好，忙着上下车的乘客都没有认出钟南山。列车长在餐车里为他们留了两个座位。

列车出站时，车厢里充盈着一股往常没有的沉闷气息。乘务员对落座的这位老者格外关照，并不时表示歉意。

"能问您多大年纪吗？您的精神状态太显年轻了。"年轻的女服务员轻声问道，笑容可掬。

"快84岁了。"钟南山回答。

"啊？您……"女服务员脱口而出，"看不出来，您也就六十出头的样子哦!"

苏秘书担心钟南山在餐车乘几个小时的高铁会十分疲劳,正想跟乘务长再次沟通,钟南山连连摆手,说:"不要这样,餐车有什么不可以?能到达就行了!把别人从座位上挤出来,没这个道理。"

钟南山又谦和地对乘务长和服务员一笑,示意不要惊扰其他旅客。

这次国家卫健委是邀请他速去武汉,对新冠肺炎疫情快速作出研判。

"狼"真的来了!疫情在最初就现出了"利爪"。

钟南山一上餐车就立即打开电脑,查阅并整理相关资料和文献。晚上8点多,钟南山才顾得上吃饭,让苏秘书买了两盒快餐,又去补了车票。

列车长面带微笑走过来,恭敬地对钟南山说:"钟院士,您是为了国家赶往武汉的,我们不能收您的饭钱!"尽管苏秘书再三推辞,但列车长还是坚持把饭钱退回。

吃完晚餐,已是晚上9点。钟南山终于停下来,让自己静一会儿,哪怕是稍微眯一会儿,也很管用。他往下挪了一下身子,把头靠在局促的椅背上。

疲惫,是真的疲惫。只有他自己最明白那种累,但是只要稍作休息,他又会变得精神抖擞。

望着面前闭目静坐的钟南山，苏秘书难掩内心对这位又敬又爱、永远不知停歇的长辈的怜惜，不禁拍下了他此时的样子，把这一瞬间定格在了 2020 年 1 月 18 日晚上 9 点 15 分。钟南山已经很累了，但他从来都不会说。

还有半个小时就要到武汉了。列车接近城市，窗外的灯光慢慢开始多了一些。

晚上 10 点 20 分，他们终于到达武汉。钟南山身着两件单衣，在阴冷刺骨的寒气中挺着身躯前行。深夜的武汉街头，灯火依然璀璨。空气中弥漫着的地方风味热干面的香气，粉饰着危险气息。匆匆的人流对逼近面前的疫情似乎没有任何察觉。

40 分钟后，中巴车到达武汉会议中心。

钟南山分明感觉到，肩上的责任有千钧之重。他此时一脸严肃，凝神不语，这副神态只有在当年"非典"来临时才有过。

参与这次疫情研判的专家组成员一共 6 人，包括组长钟南山，以及组员袁国勇、李兰娟、高福、曾光、杜斌。19 日一早，当地卫健委的相关人员向专家组汇报疫情进展，层层疑团等待揭开。

经过几个小时对事实的考量，专家组得出了一些初步的结论，基本判定现有患者的感染源与武汉华南海鲜市场的野生动物有关。

随后，钟南山与专家们迅速赶到收治新冠肺炎病人的金银潭医院，听取医院领导的汇报，并观察病人情况。

仍然沉浸在春节喜庆气氛中的人们不曾想到，一场战"疫"已经拉开了序幕！这是袭击人类的又一场瘟疫。谁能料到，这次疫情需要举全国之力抗击，还将在全球范围内大流行！

19日下午5点，专家组集体返回北京。6点左右，飞机上开始供餐。此时已经筋疲力尽的钟南山放下手中的资料。晚餐他一般吃得很少，此时又要面对一顿简餐。苏秘书担心地问："您吃这样的饭可以吗？"他把手一挥，说："不要紧的，可以的。"

晚间，到了北京，专家组又连夜赶到国家卫健委，共同讨论当天调研的结果，为次日向中央汇报做最后准备。会议从晚上11点一直开到20日凌晨。

20日早晨6点，钟南山又早早起来准备材料。今天的主要任务是赴国务院向中央领导汇报疫情态势及防控建议。许多关键问题一直在钟南山的脑海中徘徊。

作为组长，钟南山没有犹豫，他必须向社会公布真实的情况，要让民众心里有底，以实现全民防范，共同抗疫。

会议上，以钟南山为代表的专家主张尽快建议民众"不要去武汉，不要出武汉"。

国家卫健委新冠肺炎疫情应对领导小组对外发出预警，各医院紧急开会，对外下放用于检测病毒的快速检测试剂盒。

20日晚上，钟南山接受中央电视台《新闻1+1》的连线采访。

因为时间紧张，节目组安排在钟南山入住的酒店里用电话视频连接到央视直播室。

接受采访前，钟南山稍事准备。连续无休无眠，此时他觉得脑子已经变得有些迟钝。

9点30分，镜头开始对准钟南山。

民众看到屏幕里的钟南山，精神奕奕，思维敏锐。苏秘书却捏了一把汗，担心不已——事实上钟南山已经十分疲惫。

此时此刻的节目直播，可谓万众瞩目。民众不约而同地守候在电视机前，关注钟南山说出的每一句话。

主持人白岩松的提问直截了当，钟南山的回答简单明了：存在新型冠状病毒"人传人"的现象；已有14名医务人员被感染。

每一句话都掷地有声。之前看起来距离大众还很遥远的新冠病毒，突然闯进了每一个人的生活。

一时间，钟南山的声音传遍了千家万户：严防传染；不要去武汉，不要出武汉；不要往人多的地方聚集；尽量不要外出，外出要戴口罩；要勤洗手……

不出两日，全国各地口罩售罄，抗流感的中药、西药相继被抢购一空。各大城市空荡而冷清，乡村里家家闭户。老百姓们都抱住手机、盯紧网络，嘴里念叨着"不出门"。

自2003年"非典"暴发以来，钟南山就备受媒体关注。十几年来，这种关注的热度始终不退，尤其是广东的媒体记者，时刻盯着他的一举一动。

这位年近84岁的医者，连夜乘坐高铁到达武汉了解疫情，及时把现实情况公之于众！钟南山一锤定音的权威结论，成为此次疫情最关键的转折点，让全国人民都把目光聚焦在武汉这座城市。

1月21日一早，钟南山奔赴武汉的消息就上了头条新闻。

对于钟南山踏上疫情一线一事，1月22日0点《人民日报》在微博上发出一条快评，道出了国人对钟南山院士的感佩，也表达了对所有奔赴一线的白衣天使的感激："17年前奋战在抗击'非典'第一线，如今再战防疫最前线，84岁的钟南山有院士的专业，有战士的勇猛，更有国士的担当。一路奔波不知疲倦，满腔责任为国为民，的的确确令人肃然起敬！感谢钟南山，感谢负重前行的医生，感谢所有为防控疫情而努力的人。万众一心、众志成城，打赢这场疫情防控战！"

这条快评很快就传遍中国大江南北，民众都交口称赞。

疫情发展依然迅猛。1月23日，武汉封城。当天10时起，武汉市及周边城市相继宣布暂停城市公交、地铁、轮渡、长途客运的运营，暂时关闭机场、火车站、高速公路等离开通道，严防疫情的进一步扩散。

至此，武汉、湖北乃至全国开始一级戒备，全党全军全国人民团结一心，抗击疫情。

三十一 逆行而上

1月24日，大年三十，钟南山没有回家与家人团聚。他忙于研究病毒的特性、规律、诊疗方案……这突如其来的疫情如洪水猛兽，让他忧心万分！

他身上的衣服已穿了好几天了，头上自然卷的短发不再像往常一样蓬松，而是耷拉在头顶，额头上光亮亮的。

钟南山嘱咐办公室尽量谢绝记者的采访，因为他实在没有时间，也没有心思去应对。最关键的是他不希望总是宣传自己，他实在不能接受。

助手们把看到的、听到的对钟南山的赞美悄悄放在心里，尽量不打扰钟南山，不再增加他的压力。他从来不惧挑战，但是，大家担心他的身体会拉响警报。

1月27日，大年初三。有消息说居家隔离的武汉市民在晚间推开窗，集体唱歌，为自己加油打气。居住在市区的王先生一家本以为是谣言，并未当真；结果晚上

8点,武汉不少小区里突然响起了《义勇军进行曲》《我和我的祖国》等歌曲,如同一声令下,小区居民闻声开窗,放声高歌,嘹亮的歌声在林立的楼宇之间回荡。

一个家住武汉的学生把这个消息发给了钟南山,还在紧张工作的他看了后深受感动。

"武汉本来就是一座很英雄的城市。"第二天,面对记者的采访,钟南山仍难掩内心的激动,不禁双眼湿润。他坚信,汇聚全国人民的力量,武汉一定可以渡过难关。此时此刻,钟南山这位仁心医者,为了告慰满心期待的患者,是何等无奈、何等焦急!

他的眼泪感动了中国,形成一股无声的力量,加速了抗击疫情的步伐。

然而,这个时候,新冠肺炎疫情防控战还未见有结束的可能,而且按照钟南山的预估,疫情可能在一周或者十天左右达到高峰。武汉的医院早已人满为患。

医护人员防护用品告急!医疗设备告急!医院医疗空间告急!

紧急驰援!疫情就是命令。

1月24日,空军军医大学医疗队受命紧急驰援武汉;25日,由136名医护人员组成的上海医疗队抵达武汉……

钟南山所在的广州医科大学附属第一医院选派重

症医学科副主任医师桑岭赴武汉参与一线疫情救治。除夕前一天，他只身一人从广州"逆行"到武汉后，一头扎进武汉金银潭医院的重症监护室。在出发前，桑岭写下这样一句话："在这个没有硝烟的战场上，我们一定赢！中国一定行！加油！"另外5名医护人员于除夕夜到达武汉。内分泌科护士李颖贤是这支医疗队中的队员之一，她是一名"90后"女孩，与家人匆匆告别后便奔赴武汉，到汉口医院参与救治。

最先到达火线的医务人员为坚挺在武汉的医务工作者带来了希望，带来了信心！那些不分昼夜连轴转的白衣天使，上前拥抱远道而来的同事，百感交集。

奋斗在武汉一线的医务人员，共度时艰，努力克服临床救治的问题以及医疗物资紧缺的难题。

1月29日起，全国各地陆续开始限制出入，民众纷纷配合政府相关职能部门工作；军队与地方医务工作者陆续踏上"逆行"的征程，投身抗疫一线；全国各行各业同心同德，踊跃捐资捐物，全力支援武汉。人力、物力——短缺的一线防护物资、救治设备，陆续运抵武汉及湖北省其他地区……一场声势浩大的健康保卫战打响了！

迅速隔离病人是关键。武汉火神山、雷神山两座医院开始建设，参照2003年抗击"非典"期间北京小汤山医院的运作模式,集中收治新冠肺炎患者。1月23日,武汉火神山医院开建;29日,进入病房安装攻坚期;2月2日上午,医院正式交付使用。从方案设计到建成交付,整个过程只用了10天。而雷神山医院在1月25日开建,2月5日正式交付使用。

面对如此的"中国速度",钟南山欣慰不已。

如今,他的眼前只有两个字:"疫情"。当他走在医院长长的走廊上,脸色沉如铁板一块,平日里亲切、热情、幽默的"功能"关闭了。他身披白大褂,却好似顶着一副无形的、沉沉的铠甲,虽步履稳健,却没有往常的迅捷。还好,身体没有"造反",只是睡眠不太好。苏秘书十分担心:钟院士可千万不要累倒啊。

2月1日这一天,是抗击新冠疫情以来最令人焦灼的时刻。

广医一院第二批驰援武汉的医务人员出征。他们个个都是钟南山的爱将,都是品学兼优的好徒弟,出发前都表了决心:请老师放心!钟南山为他们送行,一个个拥抱,一个个嘱托,师徒之情胜似亲情。

他们一到武汉,危重病人的家属一下子拥了过来,包围了这支钟南山的团队。他们要面对的都是情况严重甚至危在旦夕的病人,而此时的治疗条件是如此艰苦!

武汉,急急急!科研,急急急!

可是无论内心多么焦急、多么不安，都得沉稳冷静下来。人命关天，每次行动都要有一个方向、一个根据，才能有的放矢。

在国家卫健委的支持下，钟南山和他的团队分析和总结了全国1000多例新冠肺炎患者的特征。此项研究表明，临床医生要在疾病进一步发展前的更早期找出患者，并给予相应的处理，正如钟南山最初的判断——对新冠病毒感染者，必须做到"四早"，即早预防、早发现、早诊断、早隔离。

此外，这项研究有助于确定密切接触者的隔离时间，其结果也证实了家族聚集性发病、无症状感染者成为传染源等情况的可能性，因此不排除"超级传播者"的存在。研究还表明，呼吸道飞沫是新型冠状病毒快速传播的其中一个主要因素。

钟南山一再强调，临床救治与科学研究从来是团队的事，而非个人。这些研究成果是钟南山团队与全国522家医院共同为此次疫情做出的重要贡献，后来还发表在《新英格兰医学杂志》上。

随着疫情日益严峻，武汉紧急建立方舱医院。2月3日开始，国家卫健委在全国紧急调集了应用于16座方舱医院的所有设备。国家紧急医学救援队携带的10台车辆，包括指挥车、药品器械车、生活保障车、能源保障车、运兵车、检验车等,相当于小型医院的配置,全部出动。首批600多名医务人员到位,1400名护士又陆续集结于武汉。2月5日,分别位于各区各类场馆的方舱医院开始接收新冠肺炎轻症患者。

在疫情的关键时期,方舱医院的建立可谓关键之举,也解决了钟南山心中最迫切的诉求——将轻症和重症病人分开收治。

三十二 科学抗疫

2月6日下午,刚刚结束会诊的钟南山走出视频会议室,匆匆地给挂念他的亲人回复了几个字:"我身体暂时还好,只是极忙!"

近日,病例没有继续明显新增,这是否意味着拐点来了呢?在2月7日参加广东省卫健委的会议后,钟南山给出的回答是:"尚言之过早。"

一周后,钟南山向友人报平安,顺便捎去喜讯:"办成了几件事,有一些救治用器械可以生产了,这是我最大的安慰!"

其实除了器械,钟南山团队还陆续发表了不少与疫情相关的成果,其中之一就是结合人工智能优化了经典传染病学预测模型(SEIR),得出预测新冠肺炎的流行曲线。

在国外,传统的预测模型曾被用于社区流行病的预测及防控。但是,将它照搬到中国的这次疫情中,得出的结果肯定不会准确。新冠肺炎疫情具有未知性、突发性、高风险和蔓延快等特点，再加上春运高峰期间人员跨地域流动频繁等因素，给疫情防控带来了极大的挑战。为了克服预测不准的难题，钟南山团队为传统模型加入了人为的"变量"，根据中国抗疫的实际情况，综合考虑了政府的强力干预、春节后延迟复工、无症状传播期的特性等因素。

为了科学预测疫情发展走势，钟南山团队先后对疫情的流行趋势进行了两次预测。

2月6日，功夫不负有心人，经过几天连夜奋战，取得了初步成果。

第一次预测的结果显示，全国新冠肺炎疫情将在2月中旬或下旬达到高峰，4月底趋于平缓。

为了更精准地判断疫情发展的各个关键节点，钟南山团队迅速着手实施了第二次预测。该版预测通过机器学习构建了人工智能模型，同时改变了此前的鉴别方法，以1月11日至2月17日的数据作为输入数据进行研究。结论显示，全国疫情将会在2月下旬左右迎来拐点。

纵观疫情实际走势，2月20日前后，湖北省以及全国范围内确诊病例、疑似病例显著减少。这一情况与钟南山团队的预测十分接近。

事实证明,两次预测与疫情的实际走势较为吻合,为新冠疫情防控策略提供了参考,为政府作出科学、全面的决策提供了依据。

一向实事求是、尊重科学的钟南山,并没有凭经验说大话,而是带领他的团队对疫情进行了科学的预测,取得了接地气、解危困的成果。

"我们有信心,4月底基本控制。"2月27日,在广州市人民政府新闻办公室举办的新冠肺炎疫情防控专场新闻通气会上,钟南山引用了预测的结论。

除了利用模型预测疫情走势,在2月14日这一天,钟南山指导研发的快速检测试剂盒也与大众见面。

战"疫"伊始,病毒快速检测试剂盒的问题始终困扰着一线医务人员:一是准确率不够高,需要反复检测,对隔离和救治造成延误;二是试剂盒供不应求。

钟南山调度呼吸疾病国家重点实验室的科研力量,并联合多家研究机构紧急研制,研发出新型冠状病毒IgM抗体快速检测试剂盒,已在实验室和临床都完成初步评价。这种试剂盒的检测简单、高效、省时,只需采取一滴血,就可在15分钟内获得检测结果,能实现疑似患者的快速诊断和密切接触人群的现场筛查。很快,这款快速检测试剂盒的大批样品送至湖北省多地基层卫生机构供病毒检测使用。

在这一段时间，钟南山密切关注"钻石公主"号邮轮乘客感染新冠肺炎的情况，以及国际上与新冠疫情相关的动态。

他真切地感受到，新冠疫情有全球大暴发的势头。全人类同命运、共呼吸，疫情有发生地、高发地和暴发地，但任何人、任何国家都没有选择的余地！只有全人类团结起来，应对共同的敌人，才能有健康安全的未来。

三十三 丹心一片

2020年3月2日,钟南山办公室窗外的珠江,静水流深,在暖阳的照耀下,似在缓缓诉说着一个长长的故事。

抗击疫情到了全面攻坚的时刻,前线的医务人员仍在顽强拼搏,此时更需要打气和鼓励。

这一天,广医一院的护士李颖贤和重症医学科医生徐永昊加入中国共产党。两名奋战在一线的"白衣战士"即将进行庄严的入党宣誓,由钟南山为两人领誓。

通过视频连线,他看到仍坚守在一线的两位同事,他们身穿防护服,站在党旗前,将握紧的拳头举起,准备宣誓。李颖贤第一时间报名去武汉,让钟南山在平凡中看到了伟大;在疫情发生后,正在西藏林芝开展医疗帮扶工作的徐永昊,马上回到广东参与危重病人的救治工作。在危难面前不计个人得失,这就是共产党员的本色。在这个特殊的时期入党,可以说是终生难忘的。

一面鲜红的党旗在会议室的墙壁上徐徐展开,随着一阵清风拂面,钟南山抬眼,红色映亮了他的眼眸。当年他的父亲毅然留在大陆,并加入了中国共产党,那是父亲深深的爱国情怀;钟南山曾有多少留在海外的机会啊,但他继承父志,始终把一片丹心献给祖国。

这位已有55年党龄的老党员,永远不会忘记自己在党旗面前立下的铮铮誓言,他说到了,也做到了。他要像父亲一样,将自己毕生的精力和满腔的热情贡献给祖国的医学事业。这是他所追求的人生价值,也是他最大的快乐。

虽然钟南山是一名西医,但他一直希望中医这个有着几千年沉淀的国粹能发出令世人信服的声音。尤其是近年来,他曾在多种场合呼吁要真正地做好中医药。钟南山和他的团队根据循证医学的思维密锣紧鼓地进行着有关中药的科研攻关,自抗疫以来一直在做中药有效成分的筛选。截至3月上旬,他们已经从100多种中药中筛选出12个对新冠病毒有效的品种。他们发现连花清瘟、六神丸等中成药对新冠肺炎患者的病情有一定的改善作用,这个结论在一线得到迅速推广。

后来,在欧洲呼吸学会的新冠肺炎防治经验交流会上,钟南山还向外国同行推介了中成药。作为一位西医科学家,他推动了祖国传统医学的发展,为中医走向世界又打开了一扇门。

除了继续科研,在疫情期间,钟南山还不忘做好医生的本职工作——为病人治病。

3月13日下午,钟南山坐在广州远程会诊室里,面对着大屏幕,出现在屏幕上的是在重症监护病房里住了42天的彭女士,今天她将转到普通病房。经过数天的对症治疗和康复训练,彭女士已经可以下床行走,能独立进食,恢复程度令人欣喜。

面对屏幕另一头的钟医生,彭女士纵有千言万语,也难以表达感激之情,她年轻的笑脸如鲜花般绽放。

钟南山也笑了,他感到无比欣慰。在他和医护人员的努力下,危重症患者彭女士的命,硬是从死神手里夺了回来。

"钟院士三度出手会诊,中山市第二人民医院全力救活了孕妇!"闻讯者无不为之惊喜、振奋。

时间回到2月1日。因确诊新冠肺炎,彭女士住进广东省中山市小榄人民医院。她31岁,怀孕超过35周,刚从武汉回到中山不久就发病了。

入院第一天,单侧白肺;第四天,双侧肺白茫茫一片,心、肺、肾和消化系统多脏器出现衰竭……休克、呼吸窘迫,一系列危险信号相继出现。

她被紧急转到中山市第二人民医院,忙碌在广医一院的钟南山通过视频连线参与远程会诊,对中山市第二人民医院负责彭女士的医护人员发出请求:"这么年轻的生命,一定要救活!""拜托你们了!"

抢救开始。气管插管、上呼吸机……彭女士在最高规格的体外生命支持系统 ECMO(体外膜肺氧合,俗称"人工肺")的支持下接受救治,21 天后终于脱离了呼吸机。

钟南山走到屏幕的前方,逐个核对她的各项指标,随后还给了她一些建议。

无论是临床还是会诊,他的表态永远是"我建议",没有一丁点的"我说了算",给团队其他成员提供了发声的空间。当整个团队犹如一条大河前进,钟南山的状态就是参与其中,却润物无声。他的获得感来自大家每天的长进。

得知患者病情好转的消息,又为全国危重症救治积累了很好的经验,钟南山非常高兴。

三十四 中国经验

2月27日上午10点,广州市人民政府新闻办公室在广州医科大学举办疫情防控专场新闻通气会,国内各大媒体的记者纷纷到场。

随着疫情形势好转,广州市重大突发公共卫生事件应急响应级别从一级降为二级,但是在室内人多聚集的场合还是需要佩戴口罩,做好防护。

可是在会议现场,钟南山刚落座就摘下了口罩。他这一大胆的举动,让会场内外的人都捏了一把汗。

距离1月18日他前往武汉已经一个多月了,疫情终于得以遏制。

钟南山略显疲惫,但是他的神态明显比之前轻松了许多。

那一天,他笑了。全国人民紧张的心情也随之放松了一些。

在会上，钟南山严正指出："疫情首先发生在中国，但不一定发源于中国。"他强调，这是一个科学问题。他还就复工复产提了很多建议，特别嘱咐各单位企业要保持自来水龙头和下水道的通畅，避免因堵塞大小便而造成气溶胶传播。

此时，新冠病毒在世界多个国家肆虐，韩国、伊朗、意大利等国家的病例数增长得非常快。钟南山认为，新冠肺炎是人类的病，不是中国的病，因此各国需要守望相助，携手共同应对疫情。他表示自己将为其他国家介绍中国的一些做法，自豪地提到了"中国经验"。

从新冠疫情一开始，钟南山就再次成为媒体的焦点。记者的提问铺天盖地，而埋头抗疫的钟南山，本来就心急如焚："我哪有这个时间？"不过，记者的提问关系到全民抗疫的信心，甚至关系到中国在抗疫方面对国际的影响，也就是说，这也是"战场"之一。

然而，这一场又一场的回应、解答，要付出他多少心力，令他多少个夜晚难以入眠。

3月18日，钟南山又一次出现在疫情防控新闻通气会上。下午2时，陆续到场的不仅有来自全国各地的新闻工作者，还有来自美国、日本、波兰等国家的数十家新闻媒体和记者。会议室后方架起了一台台摄像机，挤满了长长的通道。

在这次通气会上，钟南山将对中外媒体最关心的问题进行回答。

有媒体提到，为应对此次疫情，一些国家计划通过60%人口感染达到群体免疫，以减缓疫情向峰值攀顶的坡度，并使人群中的免疫力增强。

对此，钟南山直接回应："抗击新冠肺炎不能靠群体免疫。"毕竟，没有证据表明，感染一次冠状病毒后，就永远不会再得。

随即，记者席响起咔嚓咔嚓的摁动快门的声音，齐刷刷的一片。

钟南山强调，新冠肺炎有很高的传染性，并且相对于流感来说致死率较高。目前全世界新冠肺炎患者的病死率，从百分之零点几到百分之七不等，这是因为各国采取了不同的抗击疫情策略。他的言下之意是，并不是因为哪个国家发达，或者采取回避态度，病毒就会绕道走。

另外，钟南山明确提示新冠病毒的传播途径：病毒主要经过呼吸道传播，但不只是通过飞沫传播，还需要注意尿液和粪便等污染物形成气溶胶后，通过呼吸道进入人体。

不过，外国媒体更关注的是：中国有什么防疫抗疫经验可以供其他国家参考？不止一次，外国记者向钟南山征求疫情防控的建议,希望他能分享中国的经验。

关于这一点,钟南山的总结是:控制上游,围堵疫情高发区域,其他地区做联防联控。

钟南山很有底气地介绍道:"中国的联防联控措施很重要。对所有传染病,从源头进行控制是最古老也是最有效的。各个国家都要这么做。"向来尊重科学的他,说完后还添上了一句"这是我的看法"。

在钟南山看来,由于国家快速而强力的干预,其他省市没有出现大量医务工作者受感染的情况,后来才能组织大批人员驰援武汉。要知道,医护人员的防护极为重要。

在广大一线医务人员自我防护的这个问题上,钟南山打了一个恰当的比方:每次坐飞机,空姐都会告知乘客,如果出现紧急情况,吸氧面罩会掉下来,这时,乘客要先给自己戴上面罩,再去帮助其他人。

道理不言而喻。医护人员首先要保护好自己,才能更好地保护病人。

与此同时,作为一名有丰富抗疫经验的专家,钟南山提供了很多关于疫情防控的建议。

比如,他再次提及"四早"理论:早预防,少参加聚会、多在家、出门戴口罩;早发现,指的是一感觉到身体不舒服就去看医生;早诊断,有赖于新冠病毒检测试剂盒的快速发放；还需要早隔离。他还提醒其他国家要警惕输入性病例，警惕没有症状但有传染性的感染者。

从"非典"时期开始就推崇国际协作的钟南山，也不忘呼吁国际社会加强合作与交流。

记得疫情初期，中国在抗疫路上步履维艰之际，日本、韩国等国家热心帮助中国，当疫情在其他国家发展迅速时，中国也伸出援手。

当今世界已成为地球村，各个国家休戚与共。为此，他提倡各国共享经验、疫苗和检测技术，以及关于病毒传染途径、作用机制等研究成果，共克新冠肺炎。

"这样一个传染病，任何国家跑不掉。传染病是没有国界的。若有一个国家不做强力干预，新冠疫情都不会消失。所有国家都要行动起来。"钟南山句句铿锵。

记者席中又是一阵咔嚓咔嚓，快门声一波接一波响起。

在这次新闻通气会上，钟南山和苏秘书奔赴武汉的高铁车票首次公开亮相，又让许多人想起钟南山"逆行"到抗疫一线的那个晚上。

记者们看见，四处奔走的钟南山状态看起来还不错，于是询问他永葆青春的"健康宝典"。钟南山笑了，简单为大家分享了几个字："要锻炼、心态好、不要吃太饱。"

会场上原本沉重的气氛得到了缓解。钟南山说："我觉得最宝贵的第一条经验是任何工作代替不了身体的锻炼。第二是心态，健康的一半是心理健康，疾病的一半是心理疾病。我的经历多，心态比较好，很多事情可以一笑置之。第三是不要吃太饱，我从来不会吃太饱，但早餐非常重要。"

接下来，会场上出现了非常温馨的一幕：小朋友曹馨文把钟南山爷爷给大家的九条健康建议画成了一幅画，在现场把自己的画作送给了钟南山。

通气会后，紧接着又是与美国专家就疫情防控进行远程交流；然后，还有第三场，是与欧洲专家交流。

晚上11点，钟南山终于迈进了家门。

家里等着钟南山的，是他的夫人李少芬，大家总是亲切地称呼她"李姨"。不管他多晚到家，李姨一听到他的声音，就等在门口，知道"受大累的"回来了。2003年闹"非典"疫情时，钟南山每天和重症患者在一起，但是每次回家，都看到李姨就这么等在家门口，没有半点惧怕，如往常一样给予他无微不至的体贴和关心。

李姨说，这是钟南山的追求，是他的理想，"那我就理解他，支持他，我们全家都理解他，支持他。"

洗过手后,钟南山直接坐到餐桌前,李姨和保姆忙把饭菜端上餐桌。此刻,钟南山没有说话,小狗Lucky乖巧伶俐,在一旁一声不响,大睁着两眼凝视着他。他端起碗,闭着眼睛,一口一口吃下食物。

李少芬静静地坐在对面看着他,默默地,不言不语……

三十五 奋斗最美

2019年8月31日,一架从新加坡飞往广州的航班上。

钟南山在新加坡开完会,返回广州。像往常一样,机舱成了他的空中办公室。途中,一位9岁男孩再也忍受不了身上的瘙痒,他的父亲只好紧急呼叫空乘服务员。虽然空乘人员调低了舱内温度,并拿来冰块进行冰敷,但是男孩依然难忍奇痒,整张脸及全身开始红肿。

钟南山闻声起身,向这位男孩的位置走去。眼尖的人开始低声惊呼:"钟南山,钟南山!"他友好地向大家轻轻摆摆手。孩子的父亲看到钟南山,非常惊喜。钟南山给孩子仔细检查:"看起来像是食物过敏引发的荨麻疹。"他安慰孩子的父亲,说不会有危险。男童父亲没有想到和钟南山同机,更没有想到他还来亲自看诊。他说:"听到钟大夫说孩子没有危险,我这颗忐忑的心才放下来。"这件事立即在互联网上引起了热议。

钟南山几乎家喻户晓，他的故事再一次受到人们的关注。他总是和我国的公共卫生事业紧紧连在一起。

人们永远不会忘记，2003年初，"非典"疫情突如其来，作为一名科学家兼医者，他捍卫真理，求真务实，积极推动公共卫生应急体系建设，积极倡导与国际卫生组织合作；他临危不惧，夜以继日地挽救生命，探索出"三早三合理"的治疗方案，率先形成了一套富有明显疗效的防治经验，得到了世界卫生组织的肯定，为中国及世界抗击"非典"疫情做出巨大贡献。

"非典"一役后，多年来，面对甲型流感、中东呼吸综合征、新冠肺炎等突发公共卫生事件，钟南山肩负起自己作为院士的责任，始终敢于发声、传递真知，坚守在抗击疫情第一线，在疫情防控中发挥了积极的作用，尽显国士担当。

此外，作为我国呼吸疾病科研与临床医疗的领头人，钟南山首次在国际上证实并完善了隐匿性哮喘的概念；他用不到10年时间改变了慢阻肺不能预防的定论；他带领团队建立起在国际上先进的、符合中国国情的新发特发呼吸道重大传染病"防—治—控"医疗周期链式管理体系。与此同时，他切实履行自己作为全国人大代表的职责，多次就空气污染的问题建言献策，为民众呼吸系统的健康大声疾呼。

2018年12月18日，在庆祝改革开放40周年大会上，100名为改革开放作出杰出贡献的个人被授予"改革先锋"称号，钟南山是获此殊荣的其中一人，并获评"公共卫生事件应急体系建设的重要建设者"。

《人民日报》曾有一篇颂扬这位"改革先锋"的文章提到："在钟南山的人生字典里，从来没有'停步'二字。"

的确，钟南山总是关注自己"在做什么"，对他来说，永远不会是一段时间内做某一件事，他对事业的不懈追求是一个长期而持续的过程。

回想1971年，35岁的钟南山从北京回到广州，带着不多的临床医学知识，开始踏上他的立业之路。从一个慢性支气管炎防治小组的组员，一步一个脚印，为尽快成长为一个技术熟练的临床医生不断学习、不断奋斗，成为如今受人敬仰的中国工程院院士。

说到"奋斗"这个词，钟南山表现得非常诚恳："我不是一个人在奋斗，而是一个团队、一群志同道合的人克服种种困难，携手并进。"

2019年9月25日上午，"最美奋斗者"表彰大会在人民大会堂举行，钟南山被授予"最美奋斗者"荣誉称号。他动情地说："我首先想到的是我的团队，那些和我一起奋斗了几十年的人们，这份荣誉也属于他们。"

他并没有因为获奖而沾沾自喜,而是十分严肃、认真:"我今天很受教育。"那些获奖者的事迹让他非常敬佩。

钟南山获此殊荣,真乃实至名归。

很多人一直对钟南山饱满的精神状态和充沛的工作干劲感到好奇。已经迈入80岁的他自诩是"80后",继续搞科研、搞教育,每周出诊、进行远程大查房,还正在带领团队研发一种抗癌药,而该项研究已经做了26年!

"从医几十年,我最大的幸福,是始终站在治病救人的一线。我最大的安慰,是作为一名医生、一名共产党员,我对病人做到了全心全意。我最大的愿望,是能为祖国多做一点贡献,让更多的科研成果走出实验室,转化为生产力,造福人民——这也是我对国家、对人民的报答,是一名医务工作者的初心。"这是钟南山的肺腑之言。

在党中央为隆重表彰在抗击新冠肺炎疫情斗争中作出杰出贡献的功勋模范人物,决定开展"共和国勋章"和国家荣誉称号的评选后,由于钟南山在新冠肺炎疫情发生后敢医敢言,提出存在"人传人"现象,强调严格防控,并领导撰写新冠肺炎诊疗方案,在疫情防控、重症救治、科研攻关等方面贡献突出,他被列为"共和国勋章"的建议人选。2020年8月11日,国家主席习近平签署主席令，授予钟南山"共和国勋章"。

展望未来，钟南山曾表示，他期待自己能够在几个方面的工作做出更多的成绩："第一个是想把慢阻肺的早诊早治作为全国的治疗战略；第二个是经过二十几年努力，希望新的抗癌药能够成功；第三个是我们对慢性气道的疾病如哮喘、慢阻肺有新的认识和新的治疗方法。"他还想再奋斗20年，建设亚洲最大的心肺呼吸研究中心，包括对疑难病症的科研、培训、治疗，打造一个产学研中心。

钟南山寄语广大青年学子："应当保持奋斗的精神，奋斗不是营造氛围，而需要坚持不懈、是实实在在的努力，需要坚韧不拔的精神。"